어웨이킹
Awaking

내 안에 잠든
창의성을 깨우는
7가지 습관

어웨이킹
Awaking

| 김세직 지음 |

중앙books

사랑하는 아내 정연과 가족에게 이책을 바친다.

PROLOGUE

이제 AI시대 최고의 자산이 된 창의력에 투자하라

    나는 창의력이 있는 사람인가? 자문해 보자. 급속히 발달하는 AI에게 일자리를 빼앗기지 않을 만큼 나는 창의력이 있는가?

    2006년 귀국해 서울대학교 교수로 부임하면서부터 필자는 우리 학생들에게 가르쳐 주어야 할 가장 중요한 것이 무엇인지 고민했다. 답은 한마디로 '창의력'이었다. 한국 경제는 '5년 1% 하락의 법칙'에 따라 장기 성장률이 지속적으로 하락해 결국 0%대로 성장의 빙하기로 접어들 가능성이 높아졌다. 그에 따라 많은 국민들이 극심한 경제적 고통을 받는 위기적 상황에 처할 가능성이 높아졌다. 그 원인은 무엇보다 창의력 부재에 있다고 판단했기에 학생들에게 창의력 수업을 시작했다. 이 책은 창의력 수업을 통해 필자가 지난 20년간 서울대 학생들에게 창의력을 가르치며 터득한 '창의적 잠재력을 깨우는 일곱 가지 방법'을 모든 초중고 대학생들과 직장인들에게도 알려주기 위해 쓴 책이다.

우리나라 성장률이 계속 추락해 온 것은 필자가 쓴《모방과 창조》에서 이야기했듯이 선진국과의 기술 격차가 선진국 특허 보호 기간인 20년 정도까지 줄어들었기 때문이다. 1980년대까지만 해도 선진국과 20년 이상 기술 격차가 있어 특허가 만료된 기술을 마음껏 베껴 성장할 수 있었다. 하지만 1990년대부터 그 격차가 20년 미만이 되자 더 이상 베낄 것이 없어졌다. 새로운 것을 만드는 것 이외엔 성장할 방법이 없어졌다. 창의력이 중요한 첫째 이유다.

더 나아가 AI의 발달로 인해 기존 지식을 달달 외워서 머릿속에 주입한 대졸 수준의 모방형 지식 노동이 무용지물화 되고 있다. 특히 챗GPT 같은 가공할 AI의 등장으로 누구나 머지않은 장래에 AI에 의해 대체될 위기에 처하게 되었다. 이 위기에 어떻게 대처

해야 할까? 먼저 AI와 경쟁하면 안 된다. 인류 역사상 기계와 경쟁해 이긴 인간은 없었다. 아무리 빨라도 자동차보다 빠른 인간은 없고, 아무리 지식이 많아도 지식의 양으로는 AI를 이길 인간이 없다. 경쟁하지 말고 AI를 활용해야 한다. 어떻게 해야 AI를 활용할 수 있나? 답은 AI에게 창의적인 아이디어를 입력하는 것이다. 그러면 AI는 입력된 창의적 아이디어를 가지고 창의적인 작품을 만들어 줄 것이다. 따라서 창의적인 사람만이 AI를 활용해서 더욱 창의적인 것을 만들 수 있다. 창의력이 중요한 두 번째 이유다.

이 새로운 인공지능(AI) 시대에 개인이나 기업이 보유할 최고의 자산은 더 이상 기계와 같은 자본도 인간의 지식 노동도 아니다. 그것은 바로 창의적 아이디어다. 또는 창의적 아이디어를 생각해 내는 능력인 '창의력'이다. 창의적 아이디어 하나의 가치는 막대하다. 비트코인이라는 가상 화폐 아이디어는 불과 10여 년 전에 나온 아이디어지만 2024년에 우리나라 GDP 만큼의 가치를 창출했다. 애플, 마이크로소프트, 메타같이 M7로 불리는 세계 시가 총액 최상위 기업들도 모두 아이디어 기업이다. 이제 챗GPT 시대에 접어들면서 창의력만이 인간 최후의 생존 수단이자 최고의 자산이 되고 있다.

손실 위험도 없는 창의력,
자존감과 행복감까지 높아진다

창의력이 최고의 자산이 되고 있는 시대에 당신은 어디에 투자하고 있는가? 주식? 부동산? 코인? 모방형 지식? 정작 창의력에는 아무런 투자도 하지 않고 있다면 이제부터라도 창의력에 투자하자. AI 시대에 창의력에 대한 투자가 최고의 수익률을 선사해줄 것이다. 더해서 창의력은 주식이나 부동산과는 달리 가격 하락에 따른 손실 위험도 없는 자산이다. 어떤 방식으로 시도해도 수익이 마이너스가 날 수 없다. 아이디어를 냈고, 그것이 실현되지 않았다고 해서 손해를 볼 일은 없지 않은가. 이 세상에 어떤 투자도 내 마음대로 되지 않지만 유일하게 마음대로 할 수 있고, 또 손해볼 일도 없는 투자가 바로 생각하고 상상하는 일, 창의력을 키우는 일이다.

　지금 안정적인 회사를 다닌다고 해서 결코 앞날이 보장된 것도 아니다. 급변하는 사회에서 당신이 다니는 회사가 하루아침에 사라질 수도 있다. 1997년 시작된 IMF 위기 때는 우리나라 30대 재벌 중 절반이 망했다. 한때 휴대폰 생산 세계 1위로 핀란드를 먹여 살리던 노키아도 순식간에 망했다. 지금 우리나라 최고의 기업일지라도 새로운 아이디어와 기술 경쟁에서 일순간 방심하면 결국 도태될 수도 있다. 앞날이 불안하고 힘들어서 저축을 하고, 투자를 하는데 당신을 먹고 살게 해줄 가장 근본적인 자산인 창의력에는 왜 조금도 투자하지 않는가?

　이제는 누구나 점점 먹고살기가 어려워지는 시대다. 이생망, 헬조선이라는 말이 나온 지도 오래전이다. 치열하게 모방형 지식을 공부해서 스펙을 쌓은 2030들이 일하기를 포기하고 집에 머문다는 뉴스가 흔하다. AI의 등장으로 10년 넘게 학교 공부에 투자한 시간과 노력의 대가가 전혀 보장되지 않는 사회에서 우리는 무엇을 해야 할까? AI시대에도 살아남게 해줄 능력인 창의력에 투자해야 한다. 창의력을 키워야 한다.

　창의력을 키우는 게 중요하다는 건 알지만 자신의 창의력을 어떻게 키울지 모르겠다고 생각할 수 있다. 당연하다. 우리는 그동안 한 번도 창의력 교육을 받아본 적이 없기 때문이다. 안타깝게도 우리나라 초·중·고 대학 어디에서도 이 중요한 창의력을 가르쳐주지 않는다. 따라서 창의력이 얼마나 중요한지 절실하게 깨달았다 해도 도대체 어떻게 해야 자신의 창의력을 키울 수 있을지 많은 사람들이 답답해한다. 급변하는 세상에 새로움을 내놓아야 한다는 압박을 직장과 사회로부터 받고 있지만 막상 새로운 아이디어를 떠올릴 방법이 없어 초조한 사람도 많다.

이 책은 이런 독자들을 위해 쓰여진 책이다. 주입식, 모방식 교육만 받아온 대부분의 직장인들과 우리 학생들에게 필자가 20년 동안 서울대생들에게 창의력을 가르치며 터득한 창의력을 성장시키는 쉬운 방법을 알려드리기 위해 쓴 책이다.

사실 필자도 처음에는 어떻게 해야 학생들의 창의력을 키워줄수 있을지 막막하기만 했다. 이미 나와있는 창의성에 관한 책들도 찾아보았지만 너무 추상적이고 큰 도움이 되지 않았다. 그래서 필자 스스로 고민하면서 구체적이고 실용적인 일곱 가지 방법을 고안해내고 서울대 경제학과 수업과 직장인들 강의에 적용하면서 발전시켰다. 다행히 이 방법들은 학생들과 직장인들의 창의력을 증가시키는데 매우 효과적인 것으로 확인되었다. 최근 필자의 한국 경제론 수업에서 이루어진 익명 설문조사에서는 수강생 전원이 자신의 창의력이 늘었다고 답했다. 학생들의 창의력 평균 점수가 수업을 듣기 전에 10점 만점 기준으로 4.9점이었는데 수업을 들은 뒤에 7.4점으로 거의 50%나 상승했다. 최근 필자의 기업 강의에서도 비슷한 결과가 나왔다. 수업을 들은 뒤의 본인 평가 기준 창의력 평균 점수가 심지어 70%나 상승했다. 이에 효과가 검증된 필자의 창의력 수업을 직접 듣지 못하는 이 땅의 직장인들과 학생들을 위해 이 책을 쓰게 되었다.

이 책에서 개발한 창의력을 키우는 방법은 생각보다 시작하기 쉽고, 시도하기도 쉽다. 독자들 누구나 커다란 창의적 잠재력을 타고 난다. 단지 그동안 한국의 모방형 교육 시스템 하에서 그 잠재력을 꺼낼 기회가 없었을 뿐이다. 이 책에서 제시하는 일곱 가지 방법은 그동안 잠자던 독자들의 창의력을 효과적으로 깨워주는 역할을 할 것이다. 독자들이 이 방법을 통해 창의적 인재로 깨어나기(awaking)를 기대한다.

부디 앞날에 대한 막연한 불안감과 공포를 가지고 AI시대를 살아가는 독자들이 이 책에서 소개하는 방법을 보고 익히고 또 익혀 희망과 용기를 얻기를 바란다. 생존할 수 있는 도구가 마련되면 성취감과 행복은 함께 따라온다. 학부모라면 자녀와 함께 읽고 이 시대를 살아갈 생존 무기인 창의력을 자녀들에게 선사하기 바란다. 기업가들은 이 책을 통해 전 사원의 창의력을 증진시켜 아이디어 무한 경쟁시대를 헤쳐 나갈 기업 경쟁력을 높이기를 기대한다.

창의력에 투자하자. 이제는 유형의 투자 자산만 바라볼 것이 아니라, 내 내부에 있는 창의력에 투자해야 하는 시대다.

2025년을 기다리며, 김세직

Contents

PART 1

창의력에 대한 세 가지 오해

인간의 상상력이란

최근 말도 안 되는 상상을 해본 적이 있는가? '머리가 굳어서 아무 생각이 안 떠올라요'라는 말을 자주 하는 사람들이 있다. 나의 학생들이나, 강연에서 만나는 직장인들에게 자주 듣는 피드백이기도 하다. 왜 그럴까? 루틴화된 일상에 지치고 부대껴 생각할 여유가 없기 때문이다.

우리는 대부분 정해진 루틴대로 일상을 살아간다. 직장인이라면 아침에 일어나 세수를 하고 옷을 입고, 짐을 챙기고, 아침은 먹는 둥 마는 둥 오늘 일과를 바삐 떠올리며 출근한다. 회사에 출근

하면 이미 산적한 일들이 많고 닥친 회의도 많기에 한숨 돌릴 여유 없이 바로 업무에 돌입한다. 그렇게 일정을 소화하고 나면 어느덧 날은 저물어오고, 오늘 밀린 일을 좀 더 하기 위해 회사에 좀 더 남을지, 아니면 내일을 기약하며 우선 퇴근을 하고 집에서 지친 몸과 마음을 휴식할지 선택한다.

집에 돌아오면 운동을 하러 가거나, 혹은 샤워를 하는 등 개인 정비를 하고 휴식의 시간을 가지게 된다. 이미 머리는 방전이 되어 있어 아무런 생각도 떠오르지 않는다. 소파나 침대에 누워 핸드폰을 만지작거리거나, 구독 중인 OTT 시리즈를 다시 보기 시작한다. 그렇게 밤은 깊어 오고, 곧 잠이 든다. 잠들기 전에 한 번 생각해보자.

이런 루틴을 깨고 하루 종일 단 한 번이라도 엉뚱하고 재미있는 아이디어나 생각을 떠올린 적이 있는지? 혹은 업무를 하는 중에 갑자기 새로운 아이디어가 떠올라 동료나 상사에게 신나게 이야기한 적이 있는가? 아마 "그렇다"라고 대답을 하는 사람은 극히 드물 것이라 생각한다. 우리에게 이것이 진정 필요한데도.

창의력은, 믿음과 자신감으로부터 나온다

인간의 상상력에는 한계가 있을까? 난 없다고 생각한다. 내가 20여 년간 학생들과 직장인을 가르쳐 본 경험으로는 누구나 무한으로 상상하고 자신만의 창의적인 아이디어를 생각할 능력이 있다. 그런데 안타깝게도 대부분의 사람들은 자기 자신에게 특별한 아이디어나 생각이 없다고 여긴다.

이 시점에서 가장 중요한 건 우선 우리 스스로가 무한으로 생각하고 상상할 능력이 있는 존재라는 것을 깨닫는 것이다. 그러기 위해서 필요한 것은 바로 스스로에게 무한 상상할 능력이 있다는 확신과 자신감이다. 무한 상상을 통해 새로운 아이디어를 생각해 낼 능력이 있다는 믿음이다. 이를 위해서는 먼저 창의력에 대한 나 자신의 오해와 편견부터 제거해야 한다.

지금부터 세 가지 질문을 던지려고 한다. 다음의 각 질문을 보고, 답을 한번 생각해 보자. 지금까지 자기 자신이 창의력에 대해 얼마나 오해하고 있는지 알 수 있을 것이다.

첫 번째, 창의력은 키울 수 있는 게 아니라
이미 타고난 것 아닌가?

안타깝게도 이 질문에 "그렇다"라고 답하는 사람이 많다. 마치 창의력을 어릴 때부터 타고나는 유전자처럼 생각하는 까닭이다. 이는 명백한 오해다. 누구나 창의적인 사람이 될 수 있고, 심지어 몇 개월 만에도 창의성을 크게 향상시킬 수 있다. 내가 이렇게 단언할 수 있는 이유는 직접 가르친 학생들과 직장인들의 변화를 수없이 지켜보았기 때문이다.

열린 질문, 창조형 수업의 효과

내가 서울대학교 경제학부생을 대상으로 진행하는 '화폐금융론' 수업은 독특하다. 정답이 없는 '열린 문제'를 과제로 내고, 학생들이 그 문제에 대한 자기만의 답을 가져오도록 하고 있기 때문이다. 열린 문제란 이를테면 이런 질문들이다.

"정부가 갑자기 은행의 대출을 금지하면 어떤 일들이 벌어질
까?"

"은행과 봉이 김선달의 유사점과 차이점은 무엇인가?"

"바나나를 빌리고 빌려주는 경우에는 이자율을 어떻게 정의할
까?"

이런 열린 질문을 던지고 '마음껏 상상해서 창의적으로 답하라'
고 한다.

열린 문제를 내는 이유는 창의력을 키우는 데 더할 나위 없이
좋은 수단이기 때문이다. 열린 문제에는 정답이 없다. 정답이 없
으니 정답을 어디에서 찾아볼 수도 없다. 스스로 생각해야만 한
다. 그래서 스스로 창의적인 답을 생각하려고 노력하게 되면서 자
연스럽게 창의적인 아이디어를 떠올리는 훈련을 하게 된다.

이 세상에 중요한 문제들은 대부분 열린 문제다. 정답이 이미
정해진 '닫힌 문제'는 정답을 이미 누군가가 찾아 놓았기에 그 답
을 내가 찾았다고 해도 세상에서 가치를 인정받지 못한다. 이에
비해 열린 문제는 내가 처음으로 나만의 창의적인 답을 찾아내면

그 가치가 크다. 그래서 우리는 닫힌 문제 푸는 능력보다 열린 문제 푸는 능력을 키워야 한다.

그동안 우리는 초·중·고에서 정답이 이미 정해진 '닫힌 문제'만 풀어왔다. 서울대 경제학부 학생들에게 물어보니 고등학교 때 7만 개나 되는 닫힌 문제들을 풀어 봤다고 한다. 그러나 정작 정답 없는 열린 문제는 풀어본 적이 거의 없다고 한다.

그러다 보니 나의 강의를 처음 듣는 학생들은 처음에는 일주일 과제로 부과되는 열린 문제에 어떻게 답해야 할지 감을 못 잡겠다고 한다. 정답 맞히는 데 익숙해진 어떤 학생들은 정답이 없는 열린 문제이지만 교수가 생각하는 나름의 정답이 있을 거라고 추측하고 교수가 생각하는 정답을 쓰고자 하기도 한다.

열린 질문에 익숙하지 않은 학생들은 그래서 강의 1~2주 차에는 평범하고 비슷한 대답을 한다. 그러다 강의 중후반부로 갈수록 점점 흥미롭고 독창적인 답을 제시한다. 창의적인 아이디어를 생각하는 능력이 훈련을 통해 점점 느는 것이다.

수업의 마지막 강의에서는 학생들에게 처음과 지금의 창의력을 10점 만점으로 평가해 보도록 한다. 지난 20년간 거의 모든 수업에서 90% 이상의 학생이 자신의 창의력이 커졌다고 평가했다. 매 학기 예외 없이 말이다. 2016년 2학기 화폐금융론 수업의 경우, 첫 수업 때 10점 만점에 4.5점이었던 학생들의 창의력 점수가 6.3점까지 뛰었다. 불과 3개월 만에 일어난 변화다.

열린 질문을 던지는 수업은 다른 말로 창조형 수업이다. 기업 강의에도 이 방식을 동일하게 사용했고, 강의에 참여한 직장인들도 학생들과 마찬가지로 강의가 거듭될수록 열린 질문에 대해 대답하는 방식이 점차 성장해갔다. 최근 한 기업의 10주 강의에 참여한 직장인들의 창의력 점수가 10점 만점에 4.1점에서 6.9점으로 70%나 상승했다.

창조형 수업은 기본적으로 정답이 없는 열린 문제를 수업 중에 던지고, 또 이것에 대해 스스로 과제를 진행하는 것으로 그치지 않고 이를 공유하는 시간을 갖는다. 자신의 아이디어를 발표하고 토론하는 시간을 가지며 서로의 독특한 생각을 통해 내재된 창의력을 성장시키게 되는 수순이다.

이런 수업 방식은 사실 나도 접해보지 못한 방식이었다. 하지만, 미국에서 귀국하여 서울대에서 교수를 시작하게 되며 생각했다. 어떻게 하면 우리 젊은이들에게 최상의 교육을 제공할 수 있을지를. 학생들에게 내가 가진 지식을 전달하는 것도 중요하지만, 학생들에게 창의력을 키워주는 것이 가장 중요하다는 결론에 이르렀다. 이를 통해 나 또한 교육자의 길을 걷게 되며 특별한 가치와 보람을 만들어내고 싶다고. 그래서 나도 경험해보지 못한 새로운 수업을 시작하게 된 것이다.

처음 수업부터 학생들의 잠든 능력을 일깨워줄 수 있는 질문부터 시작했다. 나 자신이 학생들의 창의력을 성장시킬 수 있는 촉매제의 역할을 자처한 것이다. 그리고 그 촉매가 창의력 성장의 발화점이 되어 학생들의 단단했던 두뇌를 말랑말랑하게 만들며 아이디어를 생산해낼 때 비로소 수업은 깊어지고, 흥미로워졌다.

그리고 발화된 아이디어들에 대해 토론을 시켰다. 그러자 아이디어의 불꽃이 꺼지지 않고 더욱 커졌다. 누구나 공상을 할 수는 있지만, 이를 혼자만 생각하다 그치는 것보다 누군가와 이야기하고, 또 의견을 나눌 때 처음에는 공상이나 상상이었던 것이 논리력을 갖게 되고, 또 현실성까지 띠게 된다. 창의적 아이디어를 생각하고 이를 토론하는 이 수업이 바로 그런 수업이었고, 이 책은 나의 20여 년 동안의 수업을 압축한 것이다.

사람에겐 누구나 창의적인 잠재력이 있다. 다만 한국의 획일적인 교육 시스템 아래서 꺼내볼 기회가 없었을 뿐이다. 생각하는 방법만 터득하면 짧은 시간에도 얼마든지 내재된 창의력을 끄집어낼 수 있다. '창의성'이 아닌 '창의력'이라는 표현을 쓰는 이유다. 생각하는 힘은 타고난 성정이 아니라, 쓸수록 자라는 근력이기 때문이다.

두 번째, 창의력은 천재들의 전유물일까?

이 질문에는 "예"라고 답하는 사람이 많다. 창의력을 아인슈타인이나 에디슨 같은 천재들의 전유물이라고 생각하는 거다. 나는 이 오해가 가장 안타깝다. 자신의 무한한 창의력을 끄집어낼 시도조차 하지 않게 만들기 때문이다. 비슷한 맥락으로 석사, 박사 과정 등을 거쳐 전문지식을 충분히 공부한 사람만 창의적인 생각을 해낼 수 있다는 오해도 있다. 이 말이 사실이 아니라는 것은 어린이를 보면 알 수 있다. 아이들은 때론 어른은 상상하지 못한 번뜩이는 생각을 불쑥 입에서 꺼낸다.

실제로 평범한 사람의 아이디어가 세상을 바꾼 사례는 많다. 최근 알게 된 한 주류 회사의 대표가 재미있는 이야기를 들려줬다. 평범한 이름으로 판매가 신통치 않았던 고급 술이 이름과 패키지를 바꾸자마자 불티나게 팔렸다는 이야기다. 술 이름이 재미있어 책에 소개한다. 그 회사에서 판매하는 술 이름 중에 인상적인 이름이 '건물주', '세계일주', '구단주'다. 누구나 들으면 미소부터 나오는 재미있는 이름이다. 건물주라는 술은 보틀도 사각형의 건물 모습으로 만들었고, 박스 패키지도 고급스럽다. 선물을 하는 사람도, 받는 사람도 받을 때 기분이 좋을 것이다. 현재 건물주인 사람도 무언의 인정을 받는 기분일 테고, 건물주가 아니더라도 건물주가 될 것이라는 상징적인 의미를 내포하고 있어서 여러모로 기분 좋은 선물이다. 술 이름으로 이미 상표권 등록도 했다고 한다.

이렇게 이름 아이디어만 바꾼 술이 그 회사의 효자 상품이 되었다니, 아이디어가 얼마나 경제적으로 큰 수익을 내고 있는지를 제대로 보여주는 좋은 사례다. 과연 그 회사 대표가 스티브 잡스 같은 천재라서 그런 이름을 생각해 냈을까? 아니다. 이미 사람들이 흔히 사용하고 있는 단어를 활용해 술의 이름으로 붙이는 아이디어를 냈기에 이런 수익을 창출하게 된 것이다. 이처럼 새로운 생각, 상상은 누구나 할 수 있다.

고속도로 입·출구의 색깔 유도선을 만든 한국도로공사에서 근무하는 윤석덕 설계차장의 사례도 마찬가지다. 고속도로 분기점 위치가 제대로 드러나지 않아 사고가 계속 발생하자 윤 차장은 상부로부터 "초등학생도 분기점을 알아볼 수 있는 대책을 마련하라"는 지시를 받았다고 한다. 아무리 고민해도 좋은 생각이 떠오르지 않던 어느 날, 그는 8세 딸과 4세 아들이 크레파스로 그림 그리는 모습을 보고 도로에 색을 입히면 되겠다는 생각을 떠올렸다고 한다.

사실 그의 아이디어는 도로교통법상 실현하기 어려웠다. 운전자의 혼란을 막기 위해 도로에는 흰색, 황색, 적색, 청색 외에는 추가로 색을 칠할 수 없었기 때문이다. 그럼에도 윤 차장은 생명을 구해야 한다는 생각으로 관할 경찰청을 설득했다. 색깔 유도

선은 서해안고속도로와 영동고속도로가 만나는 안산분기점에 처음 도입됐다. 목적지에 따라 타야 할 도로를 분홍색과 연두색으로 나누어 표시하자 놀라운 일이 일어났다. 연간 25건 발생하던 교통사고가 3건으로 줄어든 것이다. 이 아이디어는 2014년 한국도로공사의 정식 인정을 받았고, 2021년에는 관련 도로교통법이 개정되었다.

교통사고 발생률을 85% 줄이고, 고속도로 분기점에서 운전자가 길을 찾는 데 도움을 준 이 아이디어는 아인슈타인 같은 천재가 떠올린 게 아니다. 도로에 대한 박사 수준의 전문지식을 갖춰야만 알 수 있는 것도 아니다. 지금 세상에 존재하는 수많은 것들이 우리처럼 평범한 누군가가 창의력을 발휘한 산물이다.

세 번째, 모방은 창조의 어머니다?

마치 진실인 듯 사람들을 크게 오도하는 문장이 있다. 여러분도 익히 들어봤으리라 생각하는 '모방은 창조의 어머니'. 혹은 이미 세상에 창의적인 것은 차고 넘치므로, 이를 모방할 수밖에 없다는 의미의 말들. 나는 이 말에 동의하지 않는다. 앞으로도 세상은 변하고 무수히 많은 부분들이 진보할 것인데 이런 변화의 원천에는 반드시 새로운 상상력과 창의력이 존재하기 때문이다.

무엇인가를 모방한다는 것과 새로운 것을 상상하고 창조한다는 것은 의미가 크게 다르다. 모방을 하다 보면 어느 순간 창의력을 갖게 된다고 믿는 사람들이 있다. 하지만 다른 사람의 작품이나 아이디어를 따라 하기만 해서는 새로운 아이디어를 내기 어렵다. 그 작품을 최초로 만든 예술가도 모방으로 그 작품을 창조했을까? 아니다. 무엇인가를 모방하기 이전에 창의력을 키우는 연습을 해야 창의적인 생각이 나올 수 있다. 창의력이 있으면 기존의 것을 따라 해도 무엇인가 새로움을 더할 수 있다. 그러나 창의력 없이 모방만 해서는 새로운 것이 나오기 힘들다.

한국의 학생들은 아주 어릴 때부터 암기 중심의 모방형 교육을 받는다. 치열한 입시를 통과한 후 사회에 나가 일을 시작하게 됐을 때도 마찬가지다. 직장에서 어떤 프로젝트를 시작할 때는 레퍼런스부터 조사하고 모으는 것이 이제 관행이 되었다. 과거 모방을 통해 경제가 성장한 시대에는 성공한 누군가의 사례를 무조건 따라 해 실제로 성공을 이룬 사람도 적지 않았다. 하지만 경제학자의 입장에서 해석했을 때, 바로 이런 식의 교육과 한국 사회에 만연된 이런 관행이 결국 지속적으로 추락해 온 한국의 장기성장률에 크게 영향을 미친 것이다. 한국이 제로 성장의 위기에 처한 이유도 모방을 창조의 어머니라고 생각해 모방만 한 때문이다.

과거 우리 사회는 선진국의 기술이나 제도를 모방하여 고도성장을 했다. 이제 시대가 달라졌다. 선진국과의 기술 격차가 줄고 AI가 등장한 지금, 대한민국이 성장하기 위해서는 모방이 아니라 창조를 해야 한다.

이미 만들어진 것을 따라 하기만 해서는 창의적 아이디어가 쉽게 나오지 않는다는 말을 믿기 어려울 것이다. 이건 부딪혀봐야만이 체감할 수 있다. 나는 특히 미국 유학 당시 박사 논문을 쓰면서 이 사실을 뼈저리게 깨달았다. 박사가 되려면 논문을 써야 되는데 논문의 핵심은 기존의 지식을 토대로 얼마나 창의적인 아이디어를 내느냐이기 때문이다. 한국에서 모방형 교육을 받은 유학생들은 이 단계에서 큰 고생과 좌절을 경험한다. 남들이 해놓은 기존의 연구는 너무나 많이 알고 있지만, 나만의 연구 아이디어를 찾지 못해 헤매기 때문이다. 나 역시 그랬다. 반면에 어려서부터 학교나 가정에서 새로운 아이디어를 생각하는 훈련을 받고 자란 미국 친구들은 슬렁슬렁 노는 것 같았지만 결국 날개 단 듯 논문을 써냈다. 자신만의 논문 아이디어를 척척 내면서 말이다. 나만의 아이디어, 나만의 새로운 생각을 해본 적이 있는지의 여부가 그 차이를 만들었던 것이다.

축구를 잘하려면 축구 연습을 하고 피아노를 잘 치려면 피아노 연습을 해야 하듯, 창의력을 키우려면 창의력 훈련을 해야 한다. 아무런 노력과 투자 없이 외우고 모방만 하다가는 정말 중요한 것을 놓치게 된다. 모방은 창조의 어머니란 말부터 마음속에서 지우자.

상상도 습관이다

잠든 창의력을 깨우고, 또 성장시키는 데 필요한 물리적인 시간은 어느 정도일까? 수업을 해본 경험상 약 10주 정도면 우선 충분하다. 이 책을 읽으며 창의력에 대한 지금까지의 선입견을 깨는 과정을 거치고, 본인의 창의력을 위해서 유의미한 상상과 생각을 멈추지 않고 해보는 시간을 앞으로 매일 딱 10주만 가져보자. 그러다 보면 자신도 모르게 새로운 생각을 해내는 자신을 발견하고, 또 이를 업무나 생활에 적용하게 되는 진귀한 경험도 하게 될 것이다.

상상을 계속하는 것도 습관이다. 창의력은 상상하고 생각하는 연습에서부터 시작되고, 그것이 습관화되면서 급속히 성장한다. 10주 동안 잠든 뇌를 예열하는 시간을 가지면 어쩌면 1년 후에 정말 혁신적인 아이디어를 낸 주인공이 될 수도 있는 일이다. 나의 수업을 들은 학생들과 마찬가지로 독자들 또한 그런 경험을 하기를 간절히 바란다. 만약 독자의 그런 경험을 우연히 내가 알게 된다면 정말 감사하고 영광스러운 경험이 될 것이라 기대된다.

창의력 훈련에 대한 믿음

창의력을 키우기 위해서는 창의력을 키울 수 있다고 스스로 믿는 것이 중요하다. 그래야 창의적인 생각을 계속 시도하고, 그러다 불현듯 좋은 아이디어가 떠오르기 때문이다. 이를 통해 생각하는 즐거움을 느끼면, 우리 뇌는 점점 더 생각에 몰두한다. 그 결과 창의력이 자란다. 그래서 나는 창의력을 '자기실현적 믿음(self-fulfilling belief)'이라고 말하곤 한다. 창의력은 키우는 거라고,

키울 수 있다고 믿어야 실제로 큰다는 의미로 말이다.

창의력은 키울 수 있다는 걸 보여준 대표적인 예가 있다. 물리학자 리처드 파인먼이다. 전자와 자기장의 상호작용을 양자역학적으로 풀어낸 '양자 전자기학' 이론으로 노벨물리학상을 받은 천재적인 물리학자다. 아인슈타인과 함께 20세기 최고의 물리학자로 꼽히기도 한다. 사람들은 파인먼이 타고난 천재라고 생각하지만, 파인먼의 IQ는 그다지 높지 않았다고 한다. 약 120 수준으로, 천재들의 모임이라는 멘사에 가입하지 못할 정도다. IQ가 140은 넘어야 멘사 회원이 될 수 있기 때문이다.

파인먼도 멘사 회원 가입 제안을 받았지만, IQ가 낮게 나온 걸 오히려 기뻐했다고 한다. IQ 지수에 대한 신뢰가 없었을 뿐 아니라 그런 모임을 그다지 좋아하지 않았기 때문이다. 그렇다면 그가 세계적인 물리학자가 될 수 있었던 이유는 뭘까? 그는 자서전《남이야 뭐라 하건!》에서 지능이 아니라 아버지 덕분이라고 말한다.

주말마다 아들과 숲을 산책했던 파인먼의 아버지는 어느 날 새를 보고 이렇게 말했다. "저 새가 보이지? 저 새의 이름은 스펜서 휘파람새라고 한다." 사실 새의 이름은 아버지가 즉흥적으로

▲리처드 파인먼

지어낸 것이었다. 아버지는 왜 그랬을까?

아버지는 새의 이름은 이탈리아어로는 '추토 라피티다'이며, 포르투갈어로는 '봉다 페이다', 중국어로는 '충롱따', 일본어로는 '가타노 데케타'라고 부른다고 설명했다. 이처럼 세상의 다양한 언어로 저 새의 이름을 서로 다르게 부를 수는 있지만, 그 새가 어떤 생물적인 특징을 가지고 있는지, 또 어떤 지역에서 어떤 먹이를 먹는지 등 그 새의 특별한 특징과 본질에 대해서는 이름만 불렀을 때는 도무지 알기 어렵다고 설명한다. 아버지는 새의 이름을 외우기보다 그 새가 '무엇을 하고 있는지'를 관찰하자고 제안한다. 예를 들어 새가 계속 자기 깃털을 쪼는 행동을 하고 있는데, 왜 그런 행동을 하는지, 또 깃털을 쪼아서 새는 무엇을 얻을 수 있는 것인지 등.

아버지의 이러한 가르침은 파인먼에게 사물의 '이름'을 아는 것과 '본질'을 아는 것은 완전히 다르다는 것을 일깨워주었다. 파인먼은 궁금한 것이 생길 때마다 아버지에게 물었지만, 아버지는 결코 무엇 하나 명확히 대답해 주지 않고 아들이 스스로 생각해 볼 수 있도록 다양한 질문을 통해 대답을 유도했다고 한다. 파인먼은 이러한 대화를 하면서 과학에 심취하게 됐고, 스스로 골똘히 답을 생각하다가 우연히 알게 되는 자연의 세계에 경이를 느끼곤 했다. 그러면서 과학에 흥미를 갖게 되었다. 아버지 덕분에 끊임없이 생각하며 깨닫는 즐거움을 알게된 것이다.

이처럼 다양한 사례에 대해서 스스로 질문하고, 또 답을 떠올리는 경험을 쌓아가는 과정은 창의력을 키우는 가장 좋은 방법이다. 앞으로 이 책을 읽는 동안, 그동안 우리 내부에 잠들어 있던, 또 아주 확장될 가능성이 큰 창의력을 키우는 수업을 받는 시간이라고 생각하며 즐겁게 따라와 주기 바란다.

창의력은 결코 타고나는 것이 아니며 누구나 노력하는 과정을 가지면 쉽게 얻고, 가질 수 있는 것이다. 우선 스스로 창의력을 키울 수 있다고 믿어야 한다.

창의력의 천문학적 가치

더해서 창의력의 가치에 대해서도 믿어야 한다. 창의력은 창의적 아이디어를 생각해 내는 능력이다. 창의적 아이디어의 경제적 가치는 도대체 얼마나 될까? 100만 원? 1000만 원?

우리는 종종 정부나 공공기관에서 아이디어 공모전을 하는 것을 볼 수 있다. 이런 아이디어 공모전 1등 상금을 보면 대부분 몇백만 원 수준이다. 아이디어의 경제적 가치가 과연 우리나라 아이디어 공모전 상금처럼 몇백만 원 수준에 불과할까? 물론 아이디어마다 그 가치가 다를 수 있지만, 정말 좋은 아이디어라면 그 가치가 몇백만 원 수준에 불과할까? 민간기업에서 운영하는 사내 아이디어 제안제의 경우도 아이디어에 대한 보상이 기껏해야 몇십만 원에서 몇백만 원 수준인 건 대부분 마찬가지다. 아이디어의 진정한 가치를 정부나 기업들부터 제대로 인식하지 못하는 환경에서 살다 보니 우리 국민들도 아이디어의 가치를 기껏해야 몇십만 원, 몇백만 원 수준으로 오해하는 경우가 많다. 아이디어의 가치를 낮게 보니 굳이 아이디어를 생각해 내는 능력인 창의력을 키우는 데 누구도 시간이나 자원을 투자하지 않게 된다.

그러나 아이디어의 가치를 몇십만 원, 몇백만 원 정도로 생각하면 너무나 큰 착각이다. 정말 창의적인 아이디어의 가치는 가히 천문학적이다. 비근한 예로 비트코인을 생각해 보자. 비트코인이라는 가상화폐의 아이디어는 불과 10여 년 전에 나온 아이디어다. 2008년에 아이디어가 처음 나왔다. 그러나 이 아이디어가 상용화되고 현실화되면서 비트코인의 총 가치는 2021년 말 1조 달러를 돌파했다. 2024년 말에는 1.7조 달러까지 넘어서면서 우리나라 GDP와 맞먹는 금액이 되었다. 현실에 존재하지 않던 화폐인 비트코인의 아이디어를 누군가 한두 사람이 생각해 내고 이것이 현실화되자 그 아이디어의 가치가 대한민국 5000만 국민이 1년 동안 피땀 흘려 번 소득의 총합인 GDP에 맞먹는 수준이 된 것이다.

지금 세계 경제를 움직이는 최고의 기업들을 보자. 애플, 구글, 마이크로소프트 등 Magnificent 7 혹은 줄여서 M7이라고 불리는 시가총액 최상위 기업들은 모두 기술 기업인데 그 기술의 핵심은 결국 창의적 아이디어다. 이들은 결국 아이디어 기업인 것이다. 예를 들면 애플의 휴대폰은 '손안의 컴퓨터'를 만들자는 스티브 잡스의 아이디어로부터 출발했다. 이렇게 아이디어 기업인 애플의 가치는 우리나라 전 국민의 1년 소득인 GDP의 두 배까지 이르렀다.

결국 이 시대 최고의 가치를 갖는 생산요소는 노동도 아니고 기계와 자본도 아니다. 창의적 아이디어 혹은 창의적 아이디어를 생각해내는 능력인 창의력이다.

이제 챗GPT로 상징되는 최근 AI 기술의 급속한 발달로 창의적 아이디어를 낼 능력이 없는 개인들은 앞으로 AI에 의해 급속히 대체될 위험이 커졌다. 이에 비해 창의적 아이디어를 낼 능력이 있는 개인들은 AI를 활용해 엄청난 소득을 획득할 수 있는 시대가 도래하고 있다. 만약 창의적 아이디어를 낼 능력을 키우면 연봉 10억 원을 받을 수 있지만 그렇지 못해 직장을 잃게 되는 시대가 온다면 그 연봉 차이인 10억 원이 창의력의 가치를 나타낸다.

기업도 마찬가지다. 창의적 아이디어를 낼 능력이 없는 기업은 아무리 잘나가던 기업이라도 새로운 아이디어로 무장한 경쟁 기업들에 의해 급속히 대체될 위험이 커졌다. 반대로 창의적 아이디어를 내는 능력이 있는 기업은 폭발적 성장을 할 수 있는 시대가 도래했다. 따라서 다수의 창의적인 근로자를 확보하지 못한 기업들은 경쟁에서 도태되거나 낙오될 가능성이 커지고 있다. 한때 독보적인 국제 경쟁력으로 나라의 수출과 생산에 크게 기여하던 우리 기업들이 최근 아이디어 기술 경쟁에서 밀리는 사례들이 늘어나 우리를 안타깝게 하고 있다. 결국 창의적 아이디어 기술 경쟁에서 뒤처지는 기업들은 주가가 크게 하락할 텐데, 그 주가 총액 하락분이 창의적 아이디어의 가치라고 할 수 있다. 따라서 기업에서 창의적 아이디어의 가치는 수조 원에서 수십조 원일 수 있다.

창의력을 갖게 되면 인생도 훨씬 행복해진다. 내 수업을 듣는 학생들은 자신만의 창의적 아이디어를 생각해 낼 때 자신이 자신 인생의 주체임을 확인하게 되면서 즐겁다고 한다. 강의 후 서베이를 해보면 거의 100%의 학생이 창의적 아이디어를 내는 수업이 수동적으로 남이 만든 지식 외우는 수업보다 행복도가 훨씬 크다고 한다.

명심하자. 창의적 아이디어의 가치가 엄청나다는 것을. 창의적 아이디어의 가치가 가히 이렇게 천문학적일 수 있는데, 우리는 아직도 창의력에 투자하지 않고 있을 것인가? 새로 등장한 AI 시대에 창의력에 투자할지 안 할지는 이제 선택의 문제가 아니다. 그것은 먹고사는 생존을 위한 필수조건이다.

창의력은 믿음으로부터

어떻게 하면 창의적이 될 수 있을까? 그 구체적인 방법들을 터득하기에 앞서 우선 창의력에 대한 믿음이 중요하다. 이를 위해서는 창의력에 대한 오해와 편견부터 바로잡아야 하기에 창의력에 대한 세 가지 오해를 앞에서 이야기했다. 더해서 창의력의 엄청난 경제적 가치에 대해 이야기했다.

1980~90년대에 가장 창의적인 영화감독이었던 스티븐 스필버그가 만든 블록버스터 영화 중에 '인디아나 존스: 최후의 성전'이 있다. 이 영화는 영생을 준다는 성배를 찾아 나선 고고학자 인디애나 존스가 겪는 각종 모험을 흥미진진하게 그린 영화다. 이 영화에서 인디아나 존스는 갖은 고생 끝에 마침내 성배가 보관된 동굴 맞은편에까지 이른다. 그러나 그 앞에는 커다란 낭떠러지 계곡이 가로 놓여 있어 성배가 있는 맞은편으로 건너갈 수가 없

다. 그런데 길을 안내한 고서의 그림에는 이 아득한 낭떠러지로 '발을 떼라'고 나와 있다. 낭떠러지로 발을 떼라니! 다리 없는 계곡 낭떠러지 앞에서 인디아나는 발을 떼지 못하고 주저한다.

그동안 한국에서 창의적이 된다는 건 낭떠러지 앞에 선 인디아나 존스와 같다는 생각이 든다. 무엇보다도 창의력에 대한 세 가지 오해로 인해 창의력을 키우기 위한 노력과 투자를 우리로 하

▲믿어야 도약할 수 있다(the leap of faith).

여금 주저하게 만든다. 하지만 창의력을 얻기 위해선 발을 떼야만 한다. 그런데 창의력에 대한 믿음이 없으면 결코 발을 뗄 수 없다. 영화 속 인디아나는 결국 발을 뗐다. 그리고 그 순간, 착시 효과 때문에 보이지 않던 다리가 모습을 드러낸다. 그 다리를 건너결국 성배에 다다르게 된다. 발을 떼기 전 인디아나는 이렇게 중얼거렸다. "믿어야 도약할 수 있다(the leap of faith)."

창의력은 자기실현적(self-fulfilling)이다. 즉 창의력에 대한 믿음이 있으면 창의적이 되고 믿음이 없으면 창의적이 되지 않는다. 이유는 간단하다. 창의력에 대한 믿음이 있다면 창의적이 되기 위해서 열심히 시간을 투자하고 노력을 하게 될 것이다. 그러면 축구 훈련 많이 할수록 축구를 잘하게 되듯이 창의력을 키우기 위해 열심히 훈련하고 노력한 결과 창의적이 된다. 그러나 창의력에 대한 믿음이 없으면 창의력에 전혀 관심도 갖지 않고 투자도 않게 되어 그 결과 창의적이 될 수 없다.

창의력이 너무나 중요하고 또한 노력하면 창의력을 키울 수 있다는 믿음을 가져야 도약할 수 있다. 이 책을 통해 부디 독자들이 창의적 인재가 되기 위한 믿음의 도약, 그 첫발을 내딛기를 바란다. 이제 다음 장에서 내 안에 잠재된 창의력을 끌어내기 위한 구체적인 비법들을 익히고 훈련해 내 것으로 체화시켜 보자.

PART 2

잠든 창의력을 깨우는
7가지 방법

최근에 한 상상 중에
가장 터무니없는 상상이
무엇이었나?
왜 그런 상상을 했는가?

1

비현실적인
상상하기

　말도 안 되는 비현실적인 것을 상상한다고 비난을 받은 적이 있는가? 예전 기업 강연에서 직원들에게 어린 시절 상상력에 대해서 칭찬을 받은 경험이 있는지를 질문해 본 적이 있다. 그런데 상상력에 대해서 칭찬을 받은 사람이 손에 꼽을 정도로 드물었다. 누군가가 생각하지 못했던, 이상하거나 신기한 생각을 입 밖으로 꺼냈을 때 부모님이나 선생님에게 핀잔을 받거나 비난을 받은 경험이 있는 사람들이 더 많았다.

　비현실적인 것을 상상하면 핀잔이 아니라 칭찬을 받아야 한다. 드물었지만 칭찬을 받은 직원의 경우, 그 경험에 대해서 질문하니 그 당시 기분이 좋았던 것과 자신감을 얻었다는 긍정적인 기억을 떠올렸다. 사실 이런 좋은 경험들이 쌓이면 상상을 쉽게 할수 있는 좋은 기반이 된다.

　내게는 자녀가 두 명 있는데 주로 내가 아이들의 이야기를 들어주는 편이다. 아이들이 가끔 엉뚱한 상상을 하고 이야기하는 것을 좋아하는 편인데 이에 대해서 내 생각을 덧붙여 함께 대화하거나, 그런 생각을 한 것에 대해 칭찬을 해주기도 한다. 이런 시도와 경험이 아이들에게 지속적으로 좋은 영향을 줄 것이라 믿기 때문이다.

앞서 창의력은 천재들의 전유물이 아니라 누구나 훈련을 통해 기를 수 있다고 이야기했다. 그렇다면 어떻게 창의력을 키울 수 있을까? 일단 가장 쉬운 방법은 평소 현실적이지 않은 생각을 자주 해보는 것이다. "비현실을 상상하라." 이것이 바로 창의적인 아이디어를 내는 일곱 가지 방법 중 첫 번째 방법이다.

비현실적인 것을 상상하는 게 왜 중요할까? 오늘 새로운 것은 어제까지는 비현실적이었기 때문이다. 새롭다는 건 지금껏 현실에서 볼 수 없었던 것이라는 의미다. 따라서 창의적인 무엇을 생각하거나 만들고 싶다면, 그것은 오늘의 관점에서 아직 존재하지 않아야 한다. 비현실적인 걸 상상해야 하는 이유다.

인류가 만든 수많은 발명품과 지식 역시 그것이 최초로 만들어진 시점 이전에는 존재하지 않던 비현실적인 것들이었다. 1879년 에디슨이 탄소 필라멘트가 들어간 전구를 발명하기 전까지 전구는 세상에 없었다. 하지만 지금은 아무도 전구를 보면서 비현실적이라고 생각하지 않는다. 결국 우리 안에 내재한 창의성은 비현실적인 것, 아직 존재하지 않는 것을 생각할 때 끌어낼 수 있다.

붕이 비행기가 되기까지

자유롭게 생각하고, 마음껏 상상하는 사람 중 으뜸을 동양에서 꼽자면 단연코 장자일 것이다. 장자와 그 제자들이 쓴 《장자》는 내가 강연에서 자주 추천하는 필독서 중 하나다. 유연한 사고 발달과 창의력 발달 차원에서 이 책만큼 도움을 주는 책을 찾기는 쉽지 않다.

《장자》엔 '붕'이라는 새가 나온다. 원래는 '곤'이라는 물고기가 변해 새가 됐다. 붕은 큰 새라 '대붕'이라고 불리기도 한다. 붕은 '크다'라는 표현으로 부족할 만큼 크다. 커도 너무 크다. 등 길이만 몇천 리에 달해, 한 번 날면 하늘을 덮어버릴 정도다. 이 거대한 새는 바다가 요동칠 때 하늘로 치솟아 구만리 창공으로 떠올라 먼 남쪽 바다로 날아간다.

붕은 현실에는 존재하지 않는 비현실적 존재다. 장자가 만들어낸 상상의 산물이다. 이 세상에 현존하는 가장 큰 새는 타조다. 타조를 보면, 큰 새가 중력의 힘을 거스르고 날기란 쉽지 않을 거란 생각이 든다. 대붕에 비하면 티끌 수준의 타조도 날지 못하는데,

▲붕은 현실에는 존재하지 않는 비현실적 존재다.

하물며 대붕같이 큰 새가 하늘을 날 수 있을까? 하늘을 나는 대붕은 말 그대로 비현실적이다.

그런데 문득 이런 생각이 든다. 장자가 살던 2300년 전에 비현실적이던 대붕이 지금도 여전히 비현실적일까? 아마 장자 이후에도 수많은 사람이 큰 새가 하늘을 나는 모습을 상상했을 것이다. 그런 상상과 상상을 현실로 만들려는 여러 사람의 노력이 더해져서 정말로 하늘을 나는 거대한 새가 등장했다. 바로 비행기다. 장자가 상상했던 붕이 2000여 년 뒤 콩코드 비행기로 현실화된 것은 아닐까?

여기서 주목해야 하는 점은 우리가 비현실적인 상상을 할 때, 늘 그것을 머릿속에서 이미지화하는 것이 중요하다는 점이다. 상상과 생각을 이미지화시키는 것은 비현실적인 것을 구체적으로 만들어가는 과정이다. 그림의 형태로 상상하는 것도 좋고, 또 시나 짧은 산문으로 표현해도 좋다. 이런 과정을 통해 비현실적인 상상은 점차 형태를 갖춰 나갈 수 있고, 더 좋은 결과물을 만들어 낼 수 있게 된다. 장자가 상상한 대붕의 모습을 사람이 비행기의 모습으로 그 모습을 점차 구체적으로 이미지화시켰기에 지금의 비행기가 발명된 것일지도 모른다.

장자 얘기를 좀 더 해보겠다. 《장자》에는 장인 한 명이 나온다. 소를 잡는 백정인데, 그가 칼을 써서 소를 잡는 실력은 가히 신의 경지라 할 만하다. 소의 관절과 근육에 칼날이 닿지 않게 그 사이의 빈 틈새로 칼날을 움직여 소를 잡기 때문이다. 이 장인은 칼날이 소의 어느 부위에도 닿지 않고 소를 잡을 수 있다. 그래서 소를 잡고 난 후에도 칼날은 막 숫돌에서 갈아낸 것처럼 날카롭다. 이 놀라운 장인 역시 장자의 상상력의 산물이다. 그러고 보면 장자는 정말 뛰어난 창의력의 소유자였던 듯하다.

장자 이야기를 장황하게 길게 한 이유는 앞으로 비현실적인 것을 상상해야 할 이유를 설명하기 위해서였다. 창의력을 기르는데 비현실적인 존재를 상상하는 것만큼 좋은 방법은 없기 때문이다. 내가 학생들에게 자주 내주는 과제를 한 가지 소개한다.

현실에 존재하지 않는 것(물건, 존재, 색, 악기, 집, 게임, 화폐 등)을 한 가지 상상하기.

이 문제를 풀면서 만약 현실에 존재하지 않는 것을 하나라도 생각해 냈다면, 이제 다음 단계로 갈 준비가 된 것이다. 다음으로는 비현실적인 생각을 구체적인 형태로 만들기 위해서 어떤 행동을 해야할 지 생각하면 된다. 이런 과정을 거쳐 마침내 상상을 현실로 구현해 낸다면 당신은 그동안 세상에 없던 발명품을 만들어 낸 것이다. 이 발명품이 사람들 사이에서 인기까지 얻는다면? 여러분은 또 한 명의 스티브 잡스(애플의 창업자), 마크 저커버그(페이스북 창업자)가 되는 셈이다.

잡스도 처음에는 손에 들고 다니는 작은 컴퓨터(스마트폰)를 상상했고, 저커버그 역시 소속 대학으로 인증하는 온라인 출석부(페이스북)를 상상했으니까. 투자 시장을 들었다 났다 하는 비트코인 역시 비현실적인 화폐를 상상한 놀라운 결과물이다.

BTS의 5조6000억 경제 효과

BTS는 K팝을 대표하는 글로벌 스타다. BTS의 노래 중 '내 방을 여행하는 법'이라는 노래가 있다.

방은 커봐야 한두 평 남짓인데, 현실에서 방을 여행하는 게 가능할까? 이 노래는 제목부터 비현실적인 셈이다. 하지만 세계적인 K팝 스타는 노래를 통해 이 독특한 상상을 현실로 만들어낸다. '내 방을 여행하는 법'은 2020년 11월 발매된 BTS의 미니앨범 'BE'에 수록된 곡인데, 이 앨범은 코로나19 팬데믹으로 무기력을 느끼는 사람들을 위로하기 위해 만든 것이라고 한다. 여행은커녕 친구를 만나는 것조차 실례가 되어버린 세상에서 BTS는 노래를 듣는 사람들에게 상상으로나마 자유를 느끼게 한다.

현대경제연구원에 따르면 BTS는 약 4조 1400억 원대의 생산유발효과를 만들어냈다. 관련 부가가치 유발효과는 1조 4200억 원에 달한다. BTS 멤버들의 상상력이 하나하나 모여 노래와 퍼포먼스를 만들어내고, 그것들이 하나하나 모여 5조 5600억 원 경제가치를 만들어낸 셈이다.

입시라는 좁은 문, 취업이라는 바늘구멍, 고시원이란 작은 공간에 갇힌 우리나라와 전 세계의 수많은 젊은이들이 BTS의 노래를 들으며, 내 방을 여행하고 탈출한다. 이들은 BTS의 창의력을 통해 자신의 삶에서 탈출구를 찾은 셈이다. BTS의 비현실적 상상이 많은 사람들에게 위로를 선사함에 따라 결국 현실에서 엄청난 규모의 부, 경제적 가치를 만들어낸 것이다.

창의력이 막연하게 느껴진다면, 일단 주변 공간이나 사물에 나만의 상상력을 더해보자. 헛된 상상, 말도 안 되는 상상이라도 좋다. 왜 BTS는 엄청난 경제적 가치를 만들어낼 수 있었을까? 비현실적인 걸 계속 상상하는 연습을 했기 때문일 것이다. 현실과 타협하는 대신 말이다. 그러니 우리도 상상해야 한다. 특히 비현실적인 것, 말도 안 되는 것을 말이다.

이처럼 우리는 아직 세상에 없는, 비현실적인 무엇인가를 상상하는 것이 중요하다. 말이 안 되는 상상은 없다. 시간이 지나면 상상은 곧 현실이 된다.

보이지 않는 시간을 그림으로 그릴 수 있을까?
시간을 그림으로 그려보자
(당신에게 시간이 어떤 의미인지를
생각하고 이를 표현해도 좋다).

아무도 생각해보지 못했을 것 같은 옷, 혹은 음악을 상상해보자. 세상에 없는 것이라도 좋다. 30초 동안 설명할 수 있도록 적어 보자.

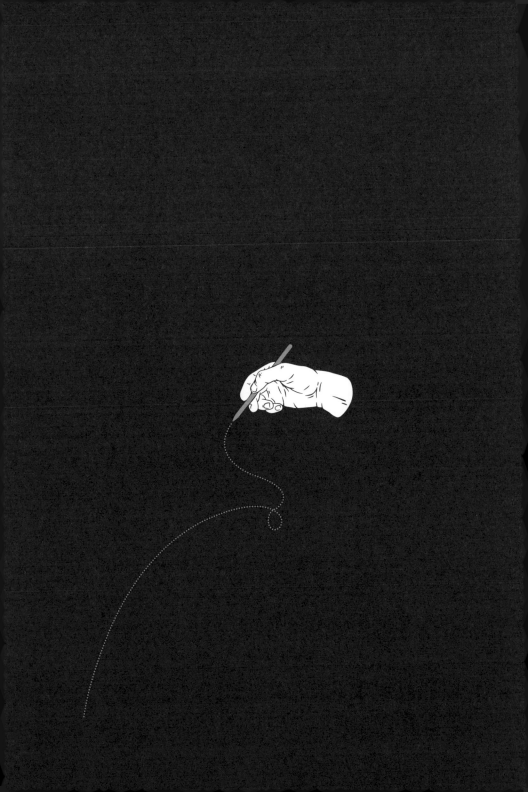

기울어진 피사의 사탑이
쓰러지는 것을 막는
가장 효과적인 방법을
2가지만 생각해보자.

2

논리적인
상상하기

인간의 상상력이 바로 지금 우리가 사는 세상과 우리가 향유하는 문명을 만들어냈다. 그만큼 상상력은 인간만이 갖고 있는 위대한 능력이다. 특히 비현실적인 상상이 모든 창조의 시작이다. 그런데 비현실적 상상에만 그친다면 망상이 될 수도 있다. 그래서 '말도 안 되는 상상'을 '말이 되는 상상'으로 바꾸는 능력도 키워야 한다. 그러기 위해서는 '논리적인 상상'을 할 줄 알아야 한다.

가상화폐, 스마트폰 등 과거 누군가의 상상력에 의해 실체조차 존재하지 않았던 수많은 것들이 현실화됐다. 우리가 끊임없이 비현실적인 상상을 계속해야 하는 이유다. 만약 비현실적인 것을 생각하고, 또 그 생각을 자유롭게 할 정도가 됐다면 이제 그 생각이 논리적으로 가능한 경우를 생각하는 것, 즉 '논리적인 상상하기'가 그다음 단계다.

다수의 사람이 '말도 안 되는 일, 비현실적인 생각'이라고 치부하는 것들은 사실 오해일 가능성이 크다. 비현실적인 게 아니라 단지 '비현실적으로 보이는 것'뿐인 경우가 많다.

현존하는 인물 중 "말도 안 된다"는 소리를 세상에서 가장 많이 들은 사람은 아마 테슬라를 창업한 일론 머스크(Elon Musk)가 아닐까. 어린 시절 SF광이었던 그는 우주여행을 가능하게 만들겠다는 목표로 2002년에 민간항공우주기업 '스페이스X'를 설립했다. 2016년에는 스마트폰에서 정보를 검색하는 시간이 너무 오래 걸린다는 이유로 인간의 뇌에 컴퓨터를 연결하겠다는 놀라운 선언을 하기도 했다.

당시 허무맹랑한 주장으로 들렸던 그의 말은 점점 현실에 가까워지고 있다. 스페이스X는 2021년 민간인 승무원의 우주여행에 성공했고, 그가 세운 뇌 연구 스타트업 '뉴럴링크'는 FDA의 임상 승인을 받고, 지난 1월 임상시험 환자의 뇌에 인공 칩을 이식했다. 모두 세계 최초로 벌어진 일들이다. 물론 현재는 해결해야 할 윤리적 문제에 당면했지만 언젠가는 일론 머스크의 말처럼 인류가 화성으로 이주하고, 또 기억을 보존한 상태로 영원한 생명을 누리게 될지도 모르는 일이다. 마치 SF영화 같은 일이다.

이제 세상은 일론 머스크의 한 마디 한 마디에 귀를 기울이고 있다. 그동안 수많은 외부의 조롱과 반대에도 늘 자신의 상상을 현실로 구현할 방법을 찾고 있기 때문이다. 그는 어떻게 이런 생각을 할 수 있는 것일까? 이는 비현실 속에서 논리적인 가능성을 찾는 능력이 탁월하기 때문이다.

비현실적인 것을 현실로 구현하다

비현실적인 것을 현실에서 구현하려면 비현실적인 것이 현실에서 일어날 수 있는 논리적인 가능성을 찾아내면 된다. 이렇게 비현실적인 것이 현실에서 일어날 수 있는 논리적인 경우를 상상해내는 능력을 나는 '논리적 상상력' 혹은 '합리적 상상력'이라고 부른다. 논리적 상상력을 발휘하면 아무리 비현실적인 것도 합리적인 가능성을 지닌 이야기로 만들 수 있다.

세계 최대 규모의 루프탑 인피니티풀이 있는 싱가포르의 마리나 베이는 인공 간척지까지 만들어 지은 건물이라 그 외관부터 비현실적으로 보인다. 건물 3개 동의 최상층 위에 거대한 인피니티풀을 얹어 놓은 모습은 가히 비현실적이다. 이스라엘 출신의 모셰 샤프디가 건축가인데 그는 자신이 설계한 이 건물이 실제로 구현될지 몰랐다고 한다. 6만 톤에 달하는 스카이파크를 기둥의

▲싱가포르의 마리나 베이

역할을 하는 건물 위에 올리는 형태라 공사 난이도 자체가 악명
이 높아 세계 유수의 업체들이 도전했으나 결국 시공 방법을 찾
지 못해 포기하거나, 명확한 공사 기간을 제시하지 못해 탈락했
다. 최종적으로 한국의 쌍용건설이 시공사로 선정돼 건물을 완공
했고 한국의 한미글로벌이 프로젝트 매니지먼트 팀으로 참여했
다고 한다.

쉽게 실현하기 어려운 남다른 생각의 건물을 상상하고 이를 현
실화할 논리적인 가능성을 제시한 디자인이 결국 실현되면서, 모
세 샤프디는 싱가포르의 랜드마크를 건축한 세계적인 건축가로
인정받았다.

초현실주의 화가 르네 마그리트의 그림 '빛의 제국'도 비현실의
현실화의 또 다른 예이다. 이 그림은 비현실의 현실화 문제를 설
명하기 위해 너무나 좋은 예여서 필자의 강의마다 학생들에게 보
여주고 필자가 쓴《모방과 창조》에서도 소개했다. 이 그림에는 낮
과 밤이 공존한다. 새파란 하늘에 하얀 뭉게구름이 밝게 표현되
어 있다. 하늘 아래 집 한 채가 있는데 집 주변은 밤이다. 주변이
어둑한 가운데 가로등에서 나오는 빛이 선명하다. 낮과 밤이 공

존하고 있는 것이다. 같은 공간에서 낮과 밤이 공존하는 게 가능한 일일까? 현실적으로는 불가능하다. 하지만 마그리트는 비현실을 그림을 통해 현실화시켰다.

이 그림은 2022년 영국 런던 소더비 경매에서 약 7980만 달러(약 1054억원)에 팔렸다. 지금껏 유럽에서 팔린 그림 중 두 번째로 비싼 가격이다. 사람들은 왜 그의 그림에 열광하는 걸까? 당시 그 누구도 상상하지 못한 비현실적인 상황을 화폭에 담았기 때문일 것이다. 그만큼 기발하고 창의적인 작품이란 얘기다.

마그리트의 이 비현실적인 그림은 우리가 창의성을 끄집어내기 위해 무엇을 해야 하는지 말해 준다. 그의 명화 '빛의 제국'은 마그리트가 '낮과 밤의 공존'이라는 말도 안 되는 비현실적인 상황을 상상하는 데서 시작했다. 그런데 그런 상상을 화폭에 옮기는 순간 말도 안 되는, 창의적인 아이디어는 비로소 그림이라는 현실이 됐다. 창의적인 모든 것이 세상에 나오는 데 가장 중요한 건 비현실적인 상상이다. 그게 없으면 아무것도 이뤄지지 않는다. 그렇지만 비현실적인 상상을 현실화시키는 논리적 상상도 함께해야 한다. 1000억원이 넘는 고가에 팔린 '빛의 제국'도 따지고

▲르네 마그리트의 '빛의 제국' Empire of Light, René Magritte/ADAGP, Paris-SACK, Seoul, 2024

보면 말도 안 되는 작가의 상상이 그림이라는 수단을 통해 현실화된 결과다.

그런데 그림에서뿐만이 아니라 현실 세계에서도 '낮과 밤의 공존'이 가능하다. 지구가 자전한다는 것을 아는 사람이라면 생각만으로도 낮과 밤의 공존이 논리적으로 가능한 일이라는 것을 깨달을 수 있으니 말이다. 이처럼 르네 마그리트가 표현한 낮과 밤의 공존은 비현실적으로 보였을 뿐이지 어쩌면 비현실적인 풍경이 아닐 수 있다.

기업 강연에서 이 그림을 하나의 연극 무대로 가정하고, 어떻게 이런 광경을 연출해낼 수 있는지에 대해 직원들에게 '열린 문제'를 내준 적이 있다. 그중에 가장 기억에 남는 답안은 '빛을 흡수하는 페인트'와 '빛을 흡수하는 나무'를 활용해 빛과 어둠을 공존하게 만든다는 답변이었다. 빛을 흡수하는 나무를 활용해서 무대 위에 작은 '블랙홀'을 만들어 빛을 통제한다는 의미였다. 이처럼 논리적 상상력을 동원하면 어떤 비현실적인 모습도 현실에서 구현할 수 있는 가능성이 생긴다.

우리는 이 사례를 통해 창의력을 키우는 방법에 관한 중요한 사실 하나를 알 수 있다. 남들이 생각하지 못한 창의적 아이디어를 내기 위해서는 '비현실적으로 보이는 것(seemingly unrealistic)' 중에서 '논리적으로 가능한 것(logically plausible)'을 찾아야 한다는 것이다. 비현실적으로 보이는 것은 그동안 아무도 생각하지 않아 세상에 아직 존재하지 않을 수 있다. 그래서 내가 논리적 상상력을 발휘해 그 논리적 가능성을 찾아내면 다른 사람에 앞서 최초로 그것을 현실화해 특허를 내고 발명 혹은 발견할 수 있다. 그 결과 커다란 경제적 가치도 창출할 수 있다.

결국 논리적 가능성을 찾아내는 능력인 이 논리적 상상력이 실제로 놀라운 경제적 가치를 창출하기에 필자는 '아이디어의 금광 탐지기'라고도 부른다.

논리적 상상력을 키우는 법

논리적 상상력을 키우기 위해 이제부터 여러분 주변에서 비현실적인 것, 아직 존재하지 않는 것이 무엇일지 생각해 보자. 그리고 그것을 현실에서 볼 수 있는 경우를 논리적으로 설명해 보자. 아직 잘 모르겠다고? 한 번 더 연습을 해보겠다.

초현실주의 화가인 르네 마그리트는 비현실적인 상황을 기발한 방식으로 화폭에 담았다. 논리적 상상력을 키우는 훈련을 하는데 그의 그림이 유용한 이유다. 르네 마그리트의 작품 중 하나인 '금지된 재현'을 살펴보면 한 남자가 거울을 바라보고 서 있다. 이상한 것은 거울에 비친 형상이 남자의 뒷모습이라는 점이다. 오른쪽에 놓인 책이 좌우가 반전되어 비치고 있는 걸 보면 분명히 거울은 맞는데 어떻게 된 걸까? 르네 마그리트가 이 그림을 그리게 된 의도를 알아보는 것은 우선 미뤄두고, 이 그림 자체가 논리적으로 가능한 경우를 한 번 생각해 보자.

나는 먼저 거울의 반사를 떠올렸다. 거울은 빛을 정반사해서 사물을 비춰 주는 역할을 한다. 나는 여러 개의 거울이 남자를 에워싼 모습을 떠올렸다. 거울의 각도를 잘 조정한다면 이처럼 정면을 응시하면서도 뒷모습을 보는 모습이 가능할 수도 있다.

그리고 좀 더 생각을 달리 하면 남자가 바라보고 있는 것이 거울이 아니라 다른 것이라는 상상도 해볼 수 있다. 사실 거울이 아니라 스크린일 수도 있고, 남자의 뒤편에 카메라가 설치되어 이런 모습을 연출했을지도 모른다. 그 카메라에 찍힌 남자의 뒷모습이 실시간으로 스크린에 비치고 있다면 이런 그림은 더 이상 비현실적인 그림이 아닐 수 있다. 또는 한 화가가 남자의 뒷모습을 극사실주의 기법으로 그렸고, 그 그림 액자를 남자가 바라보고 있을 가능성도 존재한다. 이처럼 정해진 답이 없기에 비현실적으로 보이는 상황을 논리적으로 설명할 수 있다면 어떤 의견도 답이 될 수 있다.

만약 이런 그림을 보게 되었을 때 바로 새로운 상상을 하지 못했다고 낙담할 필요는 없다. 비현실적인 것을 바로 논리적으로 설명하는 것은 누구에게나 어렵다. 비현실적으로 보이는 분명한 이유가 있기 때문이다. 하지만 이 중에는 현실에서 일어날 수 있는 일인데도, 사람들이 비현실적이라고 오해하는 것들이 있다. 우리는 여기에 주목해야 한다. 처음에는 조금 어려울 수 있지만, 창의력 연습을 하면 비현실적인 일이나 사물을 현실화시키는 아이디어를 떠올릴 수 있는 힘이 생기고, 그 힘이 곧 당신의 잠든 창의력을 서서히 깨워줄 것이다.

최초의 신용카드를 만든 논리적 상상력

"이성적인 것은 현실적인 것이고, 현실적인 것은 이성적인 것이다"라는 말이 있다. 무슨 의미인지 금방 들었을 때 이해가 가는가?

이 말은 독일의 철학자 헤겔이 남겼다. 철학자들의 명언은 가끔 심오하여 무슨 의미인지 바로 이해하기가 어려운 경우가 있는데, 이런 말의 의미를 자기 나름대로 다양하게 생각해보는 것도 창의력을 키우는 데 큰 도움이 된다. 헤겔이 어떤 의미로 이 말을 했는지와는 관계없이 이 말을 분석해보며 자기 자신만의 논리를 한번 찾아보고 만들어 보는 것이다.

나는 이 명언을 수업을 할 때도 자주 사용하는데 주로 '발명'에 대해 설명할 때 차용한다. '이성적으로 혹은 논리적으로 설명할 수 있는 것은 언제든지 발명돼 현실에 존재할 수 있게 된다'고 말이다. 현실에는 아직 존재하지 않지만, 상상 속에서 논리적으로 그럴듯하게 설명할 수 있는 것이라면 언젠가 새로운 발명품이 돼 현실에 나타날 수 있으니까.

▲철학자 헤겔

실제로 세상에 모습을 드러낸 '최초의 물건'들은 비현실적인 것의 논리적 가능성을 상상하는 것에서부터 시작됐다. 신용카드도 바로 그렇게 탄생했다. 우리가 하루에도 몇 번씩 사용하는 신용카드가 어떻게 만들어졌는지에 대해 생각해 본 적이 있는가? 신용카드는 한 사업가가 실수로 지갑을 챙기지 않고 나갔던 사소한 일에서부터 시작됐다.

미국의 사업가 프랭크 맥나마라(Frank McNamara)는 어느 날 뉴욕의 한 고급 레스토랑에서 식사를 했다. 그런데 식사를 다 마치고 나서야 지갑을 가져오지 않았다는 사실을 깨달았다. 아마도 이 식당이 단골 식당은 아니었던 모양이다. 자주 가는 식당이었다면 상황을 설명하고, 나중에 값을 치러도 되었을 것이다. 고민을 거듭하던 끝에 결국 맥나마라는 아내에게 연락을 취했고, 아내가 돈을 가지고 식당에 올 때까지 아무 곳도 갈 수 없었다. 식당에서 큰 망신을 당한 맥나마라는 다시는 이런 경험을 하고 싶지 않았다. 그래서 만약 이후에도 갑자기 이런 난감한 상황을 피할 방법은 없을지 골똘히 고민했다. 현금 없이 식당에서 돈을 낼 수 있는 방법은 과연 뭘까? 당시의 결제 방식은 현금과 수표뿐이었

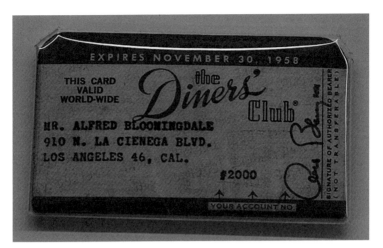

▲최초의 신용카드

다. 당시 현금 없이 값을 치른다는 것은 아주 비현실적이고 말도
안 되는 생각이었다.

그러나 맥나마라는 동료였던 변호사 랠프 슈나이더(Ralph
Schneider)에게 이런 자신의 상상을 알렸고, 그와 함께 고민과 생
각을 거듭한 후에 결국 이 생각을 현실로 만들게 된다. 어떤 사람
이 돈을 낼 수 있는 능력이 있는 사람이라는 것을 누군가 보증을
해줄 수 있다면, 현금이 없어도 그를 전혀 모르는 식당 주인이 그

의 신용을 믿고, 음식을 기꺼이 내줄 것이라는 논리적 가능성을 생각했던 것이다.

1950년 2월, 맥나마라는 '종이 카드'를 만들어 카드 회사를 설립한다. 사실 최초로 발급된 신용카드는 외상을 위한 신용 보증서에 가까웠다. 맥나라마가 그가 직접 신용을 보증할 수 있는 지인, 친구, 가족, 사업파트너 등 200여 명의 사람에게만 카드를 발급했기 때문이다. 회사의 첫 가맹점은 성공한 사업가였던 맥나마라를 믿고 협조한 14개의 음식점이었다. 이 식당에서 종이 카드를 보여주고 전표에 사인하면 음식값을 다음에 낼 수 있는 방법으로 운영됐다. 맥나마라의 상상에서 시작된 이 카드는 곧 폭발적인 인기를 끌게 되었고, 불과 1년 뒤인 1951년에는 무려 4만 2000명의 회원이 가입했다.

맥나마라가 만든 최초의 신용카드는 바로 전 세계 200여 개국에서 4000개 이상의 가맹점을 보유한 '다이너스클럽(Diners Club)'이다. '저녁 식사(Dinner)'의 '멤버십(Club)'으로 시작했다는 의미다. 현재의 후불 신용카드는 '현금이 없으면 결제를 할 수 없다'는 당대의 상식을 완전히 깬 맥나마라의 상상 덕분에 탄생한

85

것이다.

이처럼 처음에는 비현실적으로 보이지만 구현할 수 있는 가능성을 가진 것을 발전시키면 창의적인 발명품이 탄생할 수 있다. 물론 이때는 진짜 비현실적인 것과 비현실적으로 보이는 것을 잘 구분할 필요가 있다. 논리적으로 상상하는 훈련을 많이 해야 하는 이유다. 이 둘을 나누는 기준은 이성적으로 설명할 수 있느냐, 아니냐에 달려 있다. 비현실적인 상황이 현실에서 일어날 수 있는 경우를 자주 상상하면 그것을 구분하는 눈을 가질 수 있게 되기 때문이다.

이제 여러분은 어떤 장면을 보고 섣불리 '말도 안 돼'라고 치부하지 않으실 거라고 생각한다. 그렇다면 창의력 훈련의 절반은 성공한 셈이다. 앞으로도 먼저 비현실적인 것을 상상하고, 다음으로 그것이 실제로 일어날 수 있는 논리적인 경우를 생각해 보자. 금광이 되는 아이디어는 여기서부터 시작된다. 이 세상의 모든 발명도 정확히 이 과정에 따라 탄생한다.

잠든 창의력을 깨우는 7가지 방법

밤하늘을 문득 바라보니 둥근
보름달이 떠 있다. 그런데 사실은
보름달이 아니라 구름이라고 한다.
이런 일이 일어날 수 있는 경우를
2가지 생각하여 적어보라.

각주구검(刻舟求劍)은 어리석은 사람을
일컬을 때 흔히 쓰는 사자성어다.
배를 타고 강을 건너다 물속에 칼을 떨어뜨린
사람이 칼의 위치를 뱃전에 표시했다가,
어리석게도 배가 육지에 도착하자 그 표시된
곳을 기준으로 칼을 찾아 헤맸다는 의미다.
이 사람이 매우 현명한 사람이라고 가정하고
현명한 사람이 왜 이런 행동을 했는지
논리적으로 상황을 설명해보라.

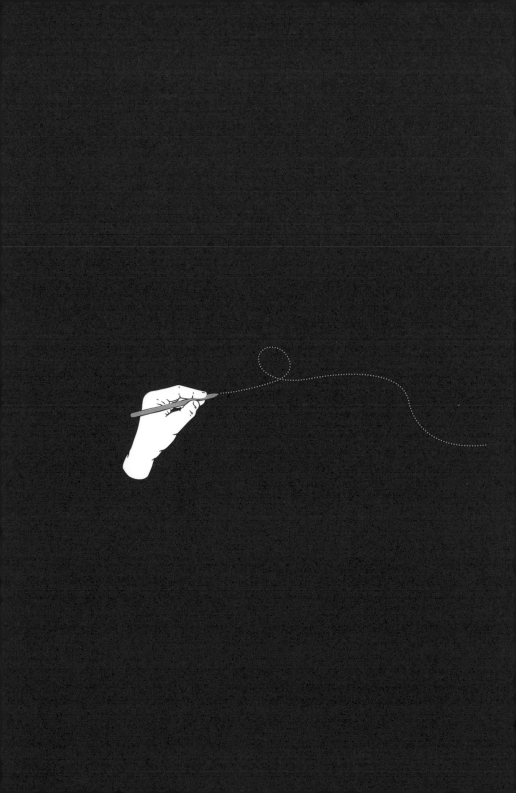

한국에서
노벨문학상 수상자가 나왔다.
한국에서 노벨물리학상을
받을 수 있는 사람이 있다면
과연 어떤 사람일까?

3-1

다르게
생각하기
I

기업 강연에서 임직원들에게 이런 질문을 던진 적이 있다. 여행을 떠나 새벽 1시에 도착한 호텔에서 한국에서 가져온 컵라면을 먹고 싶은데 곧 젓가락이 없다는 것을 알게 되었을 때, 어떻게 할 것인지를 질문했다.

젓가락을 사러 간다고 하는 사람도 있었고, 어떤 사람은 외국 호텔에는 기본적으로 티스푼을 구비하고 있으니 그 스푼을 활용해서 컵라면의 면과 국물을 최대한 떠먹는 것을 시도하겠다고도 했다. 또 어떤 사람은 컵라면의 뚜껑을 두 개로 잘라서 각자 돌돌 말아 젓가락 형태로 만들어 라면을 먹겠다는 대답도 했다. 여기서 나는 질문을 던졌다.

"라면을 꼭 젓가락으로만 먹어야 할까요?"

그러자 좀 더 재미있는 대답들이 나왔다. 컵라면을 먹는 것이 목적이라면, 굳이 물을 붓지 않고 라면을 부수어서 라면수프와 섞어서 먹겠다는 대답도 나왔다. 또 면을 잘게 부순 채로 물을 부어서 죽처럼 만들어 마시겠다는 대답도 나왔다. 이는 같은 상황에서 누구나 할 수 있는 생각이 아닌, 조금이라도 '다른 생각'을 유도하기 위한 열린 질문이었다.

지금까지 비현실적인 것을 상상하고, 그 상상이 현실에서 일어날 가능성을 논리적으로 생각하는 연습을 했는데 이제 한 단계 더 나아가 세 번째 방법으로 '다르게 생각하기'에 대해 이야기하고자 한다.

다르게 생각하는 건 왜 중요할까? 창의적이라는 건 새롭다는 것이고, 새로운 것은 과거와 다르다는 걸 의미한다. 과거에 없던 새로운 것이 만들어지면 인류와 사회에 큰 기여가 된다. 그래서 이전에 없던 다른 것이 나오면 사회적으로 보호해준다. 특허권이 대표적이다. 새로운 기술이나 발명품에 대해 특허를 등록하면 관련 권리를 20년간 독점적으로 가질 수 있다. 이때 중요한 전제 조건이 하나 있다. 최초로 나온 것이어야 한다. 아무리 뛰어난 아이디어라 해도 이미 누군가가 생각했던 것이라면 사회적인 인정을 받을 수 없다. 남들과 다르게 생각해야 하는 구체적인 이유가 바로 여기에 있다.

다르게 생각하는 데 열린 문제만 한 훈련 도구가 없다. 열린 문제엔 정답이 없기 때문이다. 다만 더 독창적인, 그러니까 남다른 답이 있을 뿐이다. 상대성 이론을 주창한 아인슈타인이 최고의 과학자로 손꼽히는 이유도 독창성 때문이다. 절대적이라고 여겨지던 시간과 공간이 관찰자에 따라 다르다는 그의 주장은 기존의 생각과 완전히 다른 것이었다.

결국 창의성을 키운다는 건 달리 표현하면 독창성을 키우는 것이기도 한다.

불나라 얼음화폐와 비트코인

남다른 생각은 한번에 떠오르지 않는다. 여러 번 생각해야 비로소 탁월한 아이디어를 얻을 수 있다. 내 강의를 듣는 학생들에게는 매주 열린 문제가 과제로 주어진다. 정답이 없으니 자기 나름의 답을 생각해 내야 한다.

중간고사와 기말고사에도 열린 문제를 출제한다. 이렇게 말하면 많은 분이 "대체 채점 기준이 뭐냐"고 묻는다. 답이 없는데, 어떻게 채점할 수 있냐는 거다. 평가 기준은 딱 두 가지다. 창의성과 논리성이다. 특히 창의성은 '남과 얼마나 다른 답을 냈는가'를 중요한 지표로 삼는다.

경제학 수업 중간고사에서 종종 내는 문제 하나를 소개하겠다. 이 문제는 필자가 공저한 《창의 혁명》에서도 소개한 문제이다. 여러분도 상상력을 발휘해서 답을 생각해 보자. 부담 없이 생각해 보자. 정답이 없으니, 어떤 답을 해도 틀리지 않기 때문이다. 다만 조금이라도 남다른 답을 떠올리려고 노력해 보자.

1년 내내 섭씨 30도가 넘는 '불나라'가 있다. 이 나라에서 얼음을 화폐로 도입하는 효율적인 방법은 무엇인가?

학생들이 화폐의 본질에 입각해 창의적인 아이디어를 낼 수 있기를 바라면서 낸 문제다. 경제학에 대한 사전 지식이 없어도 각자의 수준에서 얼마든지 창의적인 답변을 할 수 있는 문제이기도 하다. 핵심은 '화폐로 이용해야 하는 얼음이 녹아 없어지는 문제를 어떻게 해결할 것인가?'이다. 이 문제를 보고 어떤 아이디어가 떠올랐는가?

쉽게 떠오르는 생각 중 하나는 얼음이 녹지 않도록 아이스박스

▲얼음을 과연 화폐로 쓸 수 있을까?

나 얼음지갑을 만들어 보급한다는 아이디어다. 그런데 이 아이디어는 많은 학생들이 처음부터 쉽게 떠올릴 수 있는 생각이라 상대적으로 덜 독창적인 답이다.

한 학생이 낸 보다 독창적인 답을 소개하겠다. 더워도 녹지 않는 얼음을 개발해 화폐로 이용한다는 것이었다. '얼음은 상온에서 녹는다'는 고정관념을 깬 답안으로, 다른 어떤 학생과도 겹치지 않는 아이디어였다. 이 아이디어는 경제학에 관한 전문 지식이 없어도 떠올릴 수 있을 아이디어다.

또 다른 학생은 속이 보이지 않는 용기에 얼음을 넣어서 화폐로 유통하는 방법을 제안했다. 용기 안에 든 얼음은 녹겠지만, 사람들이 그 안에 얼음이 들어 있다고 믿기만 하면 화폐로 쓸 수 있기 때문이다. 우리가 쓰는 돈을 한번 떠올려 보자. 손바닥만 한 종이가 돈으로 사용될 수 있는 건, 종이 자체에 가치가 있어서가 아니다. 사람들이 그 종이에 가치가 있다고 믿기 때문이다. 결국 화폐의 본질은 사람들의 '믿음'인 것이다.

불투명한 용기에 담긴 얼음화폐도 마찬가지다. 얼음이 녹았든, 그대로든 사람들이 그것을 얼음이라고 믿고 화폐로 인정하겠다는 약속만 하면 얼마든지 돈으로 통용될 수 있다. 이 생각은 수업 시간에 배운 화폐의 본질에 대한 경제학적 지식을 이용한 동시에 얼음이 녹지 말아야 한다는 고정관념까지 깬 흥미로운 답안이었다.

이 외에도 기존에 사용하던 지폐의 이름을 얼음이라고 바꾼 뒤, 파운드나 달러처럼 '얼음'이라는 화폐 단위를 사용하는 방법도 있었다. 얼음이라는 '실물' 없이 '이름'만으로도 화폐 가치를 실현한 재미있는 아이디어였다. 이처럼 '불나라에서 얼음을 화폐로 도입하는 방법'이라는 질문 하나에도 수많은 답안이 나올 수 있다.

처음에는 누구나 쉽게 생각하는 평범한 답이 떠오른다. 평범한 답이 떠올랐다면, 거기서 생각을 멈추지 말고 더 독창적인 답은 없을지 한 번 더 생각해 보자. 남과 다른 새로운 생각이 떠올랐다면 더 다른 것은 없을지 또 한번 생각해보자. 남다른 상상과 생각은 모두 이런 연습의 과정을 거쳐 발전한다. 처음부터 남들과 다른 독창적인 생각을 해내기란 어렵다. 그러나 깊이 궁리하면 할수록 남과 다른 상상을 할 수 있다. 이런 생각의 과정을 몇 번 거치는 게 다르게 생각하기 훈련의 핵심이다.

얼음화폐에 이어 돈에 관한 다음 질문도 학생들에게 종종 던지는 질문이다.

현실에 존재하지 않는 화폐를 상상하여 제시하시오. 또 이를 화폐로 도입하는 효율적인 방법을 제시하시오.

이런 쓸데없는 비현실적 상상을 뭐 하려 할까 하는 생각이 들지 않는가? 그런데 이 쓸데없어 보이는 문제의 답 중 하나가 비트코인이다!

비트코인이라는 가상화폐의 아이디어가 처음 나온 것은 2008년이며 고작 10여 년 정도가 된 아이디어다. 그런데 이 비트코인의 가치가 2024년 1.7조 달러를 돌파해 우리나라 국내총생산(GDP)만큼의 가치가 됐다. 남다른 아이디어 하나가 우리나라 5000만 국민이 1년 동안 피땀 흘려 일해 벌어들인 소득인 GDP만큼의 가치를 만들어 낸 것이다. 놀랍지 않은가?

이 문제에 대한 답을 2008년 이전에 여러분 중 누군가가 생각했다면 인류 최초의 가상화폐를 만들어 세계 제1의 부자가 됐을 수도 있다. 그러나 한 발 늦었다고 실망할 건 없다. 열린 문제는 정답이 하나가 아니기 때문에 또 다른 창의적인 답들이 있을 수 있다. 그래서 이 문제는 지금도 유효하다.

이미 현실에 존재하는 비트코인과는 다른 새로운 화폐를 생각해 보자. 당신은 어떤 화폐를 떠올렸는가?

이자를 금지한 이슬람은 어떻게 돈을 빌릴까

금융의 의미는 쉽게 말해 돈을 빌리고, 또 빌려주는 것을 의미한다. 과거에는 금융이라는 개념이 없던 시대도 있었다. 우리 주변에 존재하는 은행, 예금, 적금의 개념도 원래는 이 세상에 존재하지 않는 개념이었다. 금융은 인간이 좀 더 나은 삶, 좀 더 편리한 방법을 끊임없이 생각하고, 상상하여 생긴 결과물이다. 이처럼 금융이란 인간이 더 나은 삶을 상상하며 만들어낸 발명품이다. 그렇기 때문에 막대한 가치를 지니며, 금융 덕분에 우리는 더 윤택한 삶을 살 수 있게 됐다. 금융에 대한 이야기를 한 가지 해보고자 한다.

한 사회에 두 사람이 살고 있다. '김기업'이란 사람은 바나나 1 개를 심어서 하루 만에 10개를 만드는 놀라운 능력을 가지고 있 다. 다만 김기업은 현재 바나나를 하나도 가지고 있지 않다. 그런 데 '박자본'이란 사람은 바나나를 새로 만들어내는 능력은 없지 만 현재 바나나를 10개 가지고 있다.

자신이 가진 바나나를 어떻게 활용할 수 있을지 고민하던 박자 본은 이자율 400%로 바나나 10개를 빌려주는 금융상품을 만든 다. 이 상품으로 김기업에게 바나나 10개를 빌려줬다. 김기업은 빌린 10개의 바나나로 하루 만에 100개의 바나나를 만든다. 이후 50개의 바나나로 박자본에게 원금(바나나 10개)과 이자(바나나 40 개)를 갚고, 자신은 50개의 바나나를 갖게 됐다. 바나나를 빌려주 는 금융 덕분에 김기업과 박자본의 삶은 더 풍성해졌다. 세상에 단 10개뿐이던 바나나가 100개까지 늘어났으니까.

여기서 금융이 존재할 수 있는 중요한 조건이 등장한다. 바나 나를 빌려준 사람이 그 대가로 '이자'를 받는 것이 보장되어야 한 다는 것이다. 만약 400%의 이자가 없었다면, 아무리 생산 능력이 뛰어난 사람이 와도 박자본은 바나나를 빌려주지 않았을 것이다. 번거롭게 바나나를 빌려줘 봐야 생기는 것도 없으니 말이다. 오히려 괜히 빌려줬다 돌려받지 못할 위험이 생길 수도 있다. 금융에서 이자가 중요한 이유다.

그런데 법적으로 이자를 금지하는 나라가 있다. 이슬람 국가의 경우 이슬람 율법에 따라 돈을 빌려주고 이자를 받는 것을 엄격히 제한한다. 여기서 딜레마가 생긴다. 경제를 더 윤택하게 만들려면 금융제도가 필요한데, 이자를 받을 수가 없으니까. 이 문제를 어떻게 해결할 수 있을까? 남다른 아이디어를 생각해 보자. 이자를 받지 않고 금융이 일어나게 하는 방법은 어떤 것이 있을까?

한 가지 방법은 돈을 빌려주는 게 아니라 투자하는 형식으로 금융제도를 운영하는 것이다. 누군가에게 돈을 투자한 뒤, 이자가 아닌 이윤을 나누어 갖는 형식을 취하는 것이다. 이 방법은 금융제도를 이용해 본 사람이라면 비교적 쉽게 떠올릴 수 있다. 이보다 더 독특한 방법은 '판매'와 '재구매'를 통해 이 문제를 해결하는 새로운 금융상품을 만드는 것이다. 돈을 직접 빌려주고 이자를 받는 것이 금지돼 있으니, 대신 매개물을 사고파는 간접적인 방법을 이용하는 것이다.

예를 들어 내가 친구에게 100만 원을 이자율 10%로 1년간 빌려주기로 했다고 가정해 보자. 돈을 직접 빌려줄 수는 없으니 친구의 집을 100만 원에 산 다음 1년 뒤에 110만 원에 되팔겠다는 조건을 내거는 거다. 그러면 나는 집을 사기 위해 친구에게 100만 원을 주고, 1년 뒤에 집을 되팔면서 110만 원을 받을 수 있다. 결국 10%(10만 원)의 이자를 받고 100만 원을 빌려준 셈이 된다. 이 방법은 매매의 형식을 취하지만, 실제로는 돈을 빌려줬다가 이자와 함께 받는 금융 거래라고 할 수 있다.

실제로 이슬람 국가에서는 여러 방식으로 이자 금지 문제를 해결하는 다양한 금융상품이 있다. 금융기관이 소비자 대신 물건을 사준 뒤, 원금과 수수료를 나누어 받는 제도인 '무라바하', 금융기관이 생산자에게 투자한 뒤 그 수익금을 나누는 제도인 '이스티스나', 금융기관과 사업자가 공동으로 돈을 출자해 손익을 합의된 비율에 따라 나누는 '무샤라카' 등 이슬람만의 독특한 금융제도가 발달했다. 이를 통칭해 '이슬람 금융'이라고 부른다.

세상의 모든 금융은 이렇게 발달했다. '이자보다 더 높은 수익을 거두는 방법은 없을까?', '갑자기 닥쳐오는 경제적 어려움에 대비할 방법은 없을까?' 같은 의문을 품고 지금보다 더 나은 방법을 고민하면서 인류는 주식, 채권, 보험, 신탁, 옵션, 선물 등의 수많은 금융상품을 끝없이 개발했다. 금융이 창의적 발명품인 이유다. 지금도 누군가는 새로운 금융상품을 만들기 위한 상상을 하고 있을 것이다. 비트코인도 처음에는 누군가의 9쪽짜리 논문에서 시작됐다. 나는 금융을 가르치는 수업의 기말고사에서 종종 다음의 문제를 출제한다.

이제까지 지구상에 존재하지 않던 금융상품을 개발하시오.

여러분도 상상력을 발휘해 답을 떠올려 보자. 이 문제에 대해 남과 다른, 가능한다면 좀 더 다른 답을 생각해낼 수 있다면 이제까지 볼 수 없었던 새로운 금융상품이 지구 위에 탄생하는 어마어마한 일이 생길 수도 있다. 창의적 아이디어를 떠올린 당신은 억만장자가 될 수도 있다.

1년 내내 영하 10도를 유지하는 나라가 있다.
이 나라에 가장 흔한 것이 얼음이다.
그래서 '얼음나라'라고도 부른다.
이 나라에서 얼음을 화폐로 도입하기 위한
효율적인 방법은?

휴대폰을 지금까지 사람들이
한 번도 사용하지 않은 방법으로
사용하는 방법은 무엇일까?

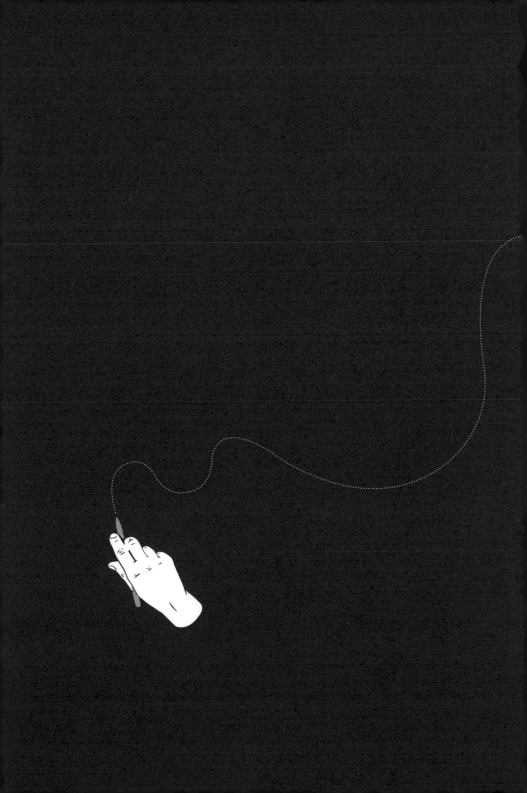

당신이 '세상에 없던 대학'을
설립할 수 있다면
어떤 대학을 세우고 싶은가?

3-2

다르게
생각하기
Ⅱ

가공할 만큼 충격적인 AI인 챗GPT의 등장 속에 2억 명의 팔로 어를 가진 미국의 유튜버 비스트(Mr. Beast)는 자신의 트위터에 이런 글을 남겼다.

샘(챗GPT를 만든 오픈AI 최고경영자), 나를 노숙자로 만들지 말아요 (Sam, please don't make me homeless).

이 서늘한 농담처럼 AI 기술은 인간의 일자리를 공포스럽게 위협하고 있다. 과연 AI가 모든 사람의 일자리를 빼앗아갈까? 반대로 생각하면 꼭 그렇지는 않다. 오히려 이를 활용할 수 있는 인간에게는 막대한 시간과 비용을 아낄 수 있는 엄청난 도구가 생긴 것이다. 인간은 그저 상상한 것을 명령어로 입력하기만 하면 된다. 다만 이 도구를 제대로 활용하려면 '나만의', 그리고 '창의적인' 아이디어를 입력해야 한다. 내가 그토록 창의력을 강조하는 이유다. 기술이 발달할수록 창의적 사고의 힘은 더 중요해질 것이다. AI는 도구일 뿐이니까. 무엇을 만들지 상상하고 효과적인 명령어를 입력하는 건 결국 인간의 몫이다.

전 세계에서 시가총액 1, 2위를 다투는 기업으로 떠오른 엔비디아의 최고경영자 젠슨 황(Jensen Huang)도 비슷한 견해를 내비쳤다. 얼마전 두바이에서 열린 세계정부 정상회의에 참석한 그는 "AI시대에 무엇을 배워야 하나"라는 질문에 이렇게 대답한다.

"10~15년 전에는 많은 사람이 자녀에게 컴퓨터 공학과 프로그램 언어를 배워야 한다고 말했다. 하지만 나는 반대로 생각한다. 이제 더는 컴퓨터를 배울 필요가 없다. 이미 세계 모든 사람은 프로그래머가 됐다. 이게 바로 AI의 기적이다."

누구나 챗GPT를 포함해 수많은 기술을 쓸 수 있는 시대, 우리는 어떤 능력을 갖춰야 할까? 그건 바로 남과 다른 생각이다. 그런데 문제는 남들도 나처럼 남다른 생각을 하려고 한다는 거다. 그래서 남들보다 '더 다른 생각'을 할 수 있어야 한다.

그런 의미에서 더 다르게 생각하기 위한 우리의 노력이 현실에서 어떤 힘을 발휘하는지를 좀 더 알아보고자 한다.

한국의 금융 발명품, 전세

우리나라에는 세계 최초로 탄생한 발명품이 참 많다. 한글, 거북선, 금속활자 등은 우리 역사를 빛내는 유구한 발명품이다. 그런데 경제 분야에서도 독특한 발명품이 있다. 바로 전세다. 오직 대한민국에만 존재하는, 거액의 보증금을 내고 집을 빌리는 전세라는 제도다.

많은 분이 다른 사람 집에 세 들어 살아본 경험이 있을 것이다. 보통 다른 나라에서는 집주인에게 매달 월세를 내는 식으로 집을 빌린다. 월세 제도다. 우리처럼 전세로 집을 빌리는 경우는 찾아볼 수가 없다. 남아메리카 볼리비아에 전세와 비슷한 제도가 있다고는 하지만, 우리나라처럼 대규모로 발달한 형태는 아니다. 전세는 우리 국민의 창의력으로 탄생한 제도라고 볼 수 있다.

월세를 전혀 내지 않는 전세와 상당한 금액의 보증금을 내고 월세를 적게 내는 준전세가 우리나라 주택 임차 시장에서 차지하는 비율은 1990년대 중반 이후 줄곧 90%를 넘었다. 최근엔 97%까지 증가하기도 했다. 다른 나라에서 흔히 볼 수 있는 순수한 월

▲우리나라에는 경제 분야에서도 독특한 발명품이 있다. 바로 전세다.

세는 고작 3%에 불과하다. 대체 전세 제도엔 어떤 장점이 있길래 이렇게 온 국민이 활용하게 된 걸까?

나는 국제결제은행(BIS) 신현송 박사와 함께 2009년부터 한국의 전세 제도를 완전히 다른 시각으로 분석했다. 그 결과 2012년 논문을 통해 전세의 비밀을 밝힐 수 있었다. 전세는 단순히 주택을 임대하는 제도가 아니다. 주택 임대와 금융의 교차 거래다. 이게 무슨 말이냐고? '집'을 빌리고 빌려줄 뿐만 아니라 동시에 '돈'을 빌리고 빌려주는 거래라는 것이다. 세입자는 집을 빌리는 대신 집주인에게 돈(전세보증금)을 빌려주고, 집주인은 집을 빌려주는 대신 돈(전세보증금)을 빌리는 거래가 일어난다는 의미다.

전세 제도를 활용하면 경제의 효율성이 크게 증가한다. 일반적인 금융 계약이나 임대 계약에서 발생하는 위험을 제거할 수 있기 때문이다. 금융이란 돈을 빌리고 빌려주는 것을 말한다. 금융에서 가장 큰 위험은 빌려준 돈을 떼이는 일인데, 전세 계약에서는 이 위험이 크게 감소한다. 세입자는 계약이 끝날 때 집주인에게 빌려준 돈을 회수해야 한다. 그런데 세 들어 사는 집이 일종의 담보로 작용해서 돈을 떼일 걱정이 줄어든다. 만약 집주인이 돈,

즉 전세금을 갚지 않으면 그 집에서 나가지 않으면 되니까. 반대로 집주인은 전세보증금이 담보가 되기 때문에 집을 회수하지 못할 것을 염려하지 않아도 된다. 세입자가 나가지 않으면 보증금을 가지면 되니까 말이다. 집주인과 세입자 모두 담보를 갖게 되는 셈이다.

전세의 장점은 또 있다. 매달 이자와 월세를 받을 필요가 없다는 것이다. 집주인은 집을 빌려줬으니 집세를 받아야 하고, 세입자는 돈을 빌려줬으니 이자를 받아야 하는데 전세는 월세와 이자가 서로 자동으로 상계가 되도록 만들어서 추가로 현금을 주고받지 않아도 된다. 따라서 전세 제도를 이용하면 집주인은 월세를, 세입자는 이자를 못 받을 위험이 완전히 사라지는 것이다.

이러한 효율성 덕분에 전세는 1960년대 이후 경제 발전과 산업화에 크게 기여했다. 통상 은행은 개인이 저축한 돈을 기업이나 개인에게 빌려주고, 이들이 돈을 잘 갚도록 관리·감독하는 대가로 예금 이자보다 훨씬 높은 대출 이자를 부과한다. 바로 이 예대금리의 차액이 은행의 수익이다.

개발도상국의 경우에는 예대금리 차가 평균 8~9%에 달한다.

예대금리 차가 크면 그만큼 예금 금리가 낮아져 사람들은 저축하지 않으려 한다. 반대로 대출 금리는 높아져 기업은 투자를 줄인다. 이로 인해 경제가 발전하기 어려워진다.

반면에 전세를 이용하면 은행의 중개 없이 세입자와 집주인 사이에 금융이 이루어지게 된다. 따라서 예대금리 차 없이 금융 거래를 할 수 있다. 결국 집주인은 은행 대출 금리보다 낮게 거액의 돈을 빌리고, 세입자는 은행에 예금하는 것보다 더 많은 이자 가치를 얻으며 돈을 빌려주는 셈이다. 덕분에 산업화 당시 집을 소유한 소상공인, 자영업자, 기업가는 자신이 소유한 집과 건물을 전세로 내놓아 싼 이자로 목돈을 빌려 투자를 할 수 있었다. 서민과 중산층은 전세 계약으로 줄어든 주거비용을 저축해 더 많은 자산을 축적할 수 있었다.

전세 제도가 한국 경제에 미친 이익을 금액으로 환산하면 최소 몇백 조에 이른다. 누군가의 남다른 생각이 만든 창의적인 제도 덕분에 한국 사회가 급격히 성장할 수 있었던 셈이다. 더불어 필자와 신현송 박사는 이 제도를 남다른 시각으로 바라본 덕분에 전세가 우리만의 창의적인 금융상품이라는 새로운 아이디어를 펼칠 수 있었다. 이렇듯 더 다르게 생각하는 것은 어디에서나 탁월한 성과를 이루는 비결이다. 최근 안타깝게도 전세 제도의 허점을 이용한 사기범죄가 큰 사회적 문제로 떠오르고 있다. 전세 사기를 예방하고 우리만의 창의적 발명품인 전세 제도를 발전시키기 위해서도 창의적인 아이디어가 필요하다.

노벨경제학상 수상자 34명을 배출한 대학의 비밀

현대 경제학에 가장 큰 영향을 미친 학파는 시카고학파다. 시카고학파는 미국 시카고대학(University of Chicago)의 경제학자가 중심인 학파다. 이들이 일군 학문적 업적은 놀랍다. 1969년 노벨경제학상이 제정된 이래 34명의 노벨상 경제학자를 배출했을 정도로 창의적인 연구를 해왔다. 2023년까지 53회에 걸쳐 93명의 경제학자가 이 상을 받았다는 걸 고려하면 놀라운 수치다.

1940~60년대까지 거의 모든 경제학자는 영국의 경제학자 존 메이너드 케인스(John Maynard Keynes)의 이론을 따랐다. 이들을

'케인스학파'라 부른다. 당시 경제학계의 주류였던 케인스학파는 불황의 원인으로 기업의 투자 감소를 중요하게 생각했다. 기업가들이 미래에 대해 비관적으로 생각하면 투자가 줄고 이에 생산이 같이 줄면서 불황이 온다는 것이다. 이때 정부가 개입해 재정 지출을 늘리면 생산이 늘면서 불황에서 탈출할 수 있다고 주장했다.

반면에 1964년 시카고대 교수로 부임한 밀턴 프리드먼(Milton Friedman) 등 시카고학파는 케인스학파와 다른 의견을 펼친다. 이들은 불황의 원인으로 통화량(화폐의 총량)을 중요하게 생각했고, 정부의 과도한 시장 개입에 반대했다. 경기 침체를 막기 위해 정부나 중앙은행이 시장에 개입하면 경기 변동을 오히려 증폭시킬 수 있다고 주장했다. 그 증거로 밀턴 프리드먼은 1930년대의 미국 대공황이 정부의 잘못된 통화정책으로 통화량이 급감한 데서 비롯됐다는 것을 밝히기도 했다.

밀턴 프리드먼의 주장은 큰 반발을 불러일으켰다. 당시 주류 경제학자들의 생각과 너무 달랐기 때문이다. 그는 케인스학파의 공공의 적이 됐다. 당시 미국 정부는 케인스학파의 견해에 따라 재정 지출을 확대하고, 통화 공급을 늘렸다. 그럼에도 경기가 나아

▲밀턴 프리드먼

▼존 메이너드 케인스

지지 않고 물가까지 상승하며 위기에 맞닥뜨리게 된다. 이런 상황에서 프리드먼의 견해가 지지를 얻자 1970년대부터 경제학의 주도권은 시카고학파로 넘어오게 된다. 프리드먼은 1976년에 노벨경제학상을 받았다.

밀턴 프리드먼뿐만 아니라 시카고대 경제학자들은 항상 남과 다른 혁신적인 아이디어를 제시하며 경제학을 끊임없이 변화시켰다. 이들의 새로운 연구와 업적을 보면 단순히 스승인 프리드먼을 계승하는 고정된 입장이 아니다. 한 명 한 명이 자신만의 획기적인 이론을 발전시키는 독특한 스타일이었다.

34명의 노벨상 수상자를 낸 시카고대의 저력은 어디에 있을까? 바로 창의성에 있다. 노벨상은 뛰어난 학문적 업적을 성취한 사람에게 주어진다. 학문적 업적을 평가하는 가장 중요한 기준은 바로 독창성이다. 즉 남과 얼마나 다른지이다. 그렇다면 이들의 창의성은 어디서 나오는 걸까? 바로 새로운 것, 남다른 것을 발견하는 연구를 중요하게 여기는 전통이다.

이 같은 전통은 시카고대 초대 총장인 윌리엄 하퍼(William Harper)로부터 시작됐다. 하퍼는 '세상에 없던 대학'을 만들고 싶었다. 하퍼는 꿈을 실현하기 위해 석유왕 록펠러(John Rockefeller)를 설득한다. 그의 비전을 높이 평가한 록펠러가 거액을 기부하면서 1982년 시카고대가 설립된다.

하퍼 총장은 시카고대를 기존의 대학과 완전히 다른 곳으로 만들고자 했다. 강의보다 연구를 중요하게 생각했다. 특히 새로운 진리를 발견하는 대학, 진리를 발견하는 이들을 키워내는 대학이 되고자 했다. 이에 따라 시카고대에서는 분야마다 남다른 새로운 아이디어를 제시할 수 있는 이들을 찾았다. 시카고대의 창의적인 학풍은 바로 여기서 시작됐다.

시카고대 노벨경제학상 수상자들 역시 처음엔 인정을 받지 못했다. 별종이라고 평가받거나 비주류 취급을 받기 일쑤였다. 연구 논문이 저널에 실리기조차 쉽지 않았다. 기존의 생각과 너무 다른 주장이었기 때문이다. 현재 세계에서 가장 위대한 업적을 남긴 경제학자로 손꼽히는 시카고학파 대표 학자인 로버트 루커스(Robert Lucas) 교수와 게리 베커(Gary Becker) 교수 역시 한때는 학계의 외면을 받았다.

새로움은 언제나 '다름'에서 시작한다. 시카고학파의 경제학자들이 다르게 생각하고자 노력하는 이유다. 밀턴 프리드먼 역시 다르게 생각하지 않았다면 그저 평범한 경제학자에 머물렀을 것이다. 하지만 남다른 연구를 향한 열정을 굽히지 않았고, 그 다름이 새롭다는 평가를 받으면서 찬사와 명예를 얻을 수 있었다.

여러분도 다르게 생각하려고 노력해 보자. 같은 일을 해도 더 나은 성취를 이룰 수 있을 것이다.

토머스 모어는 누구나 행복하게 사는
이상향을 '유토피아'라 이름 붙였다.
남들이 생각한 유토피아가 아니라 당신 자신만이
생각하는 특별한 유토피아의 모습을
상상해 그 나라에 이름을 붙여보자. 그리고
그 나라만이 가지는 특징에 대해 설명해보자.

돈을 저축하듯이 시간도 저축할 수 있을까?
만약 시간도 저축이 가능하다면,
그 방법에 대해 이야기해보라.

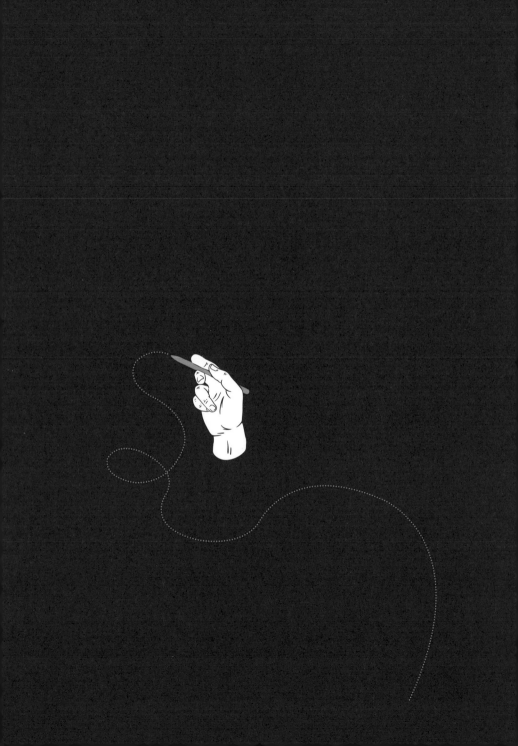

지금까지 당신이 겪어온
이 모든 것이 꿈이라면?
당장 내일부터
무엇을 할 것인가?

4

끊임없이
의문 던지기

나는 의심한다, 고로 창조한다.

프랑스의 철학자 르네 데카르트는 창의적 아이디어를 얻기 위해 '의문 던지기'를 가장 잘 활용한 사람이다. 창의적인 생각을 하기 위해서는 우선 의문을 갖는 태도가 필요하다. 이미 존재하는 것에 대해 의문을 제기하면, 아직 세상에 없는 것이 자연스레 생각나기 쉽기 때문이다. 즉 비현실적인 것을 상상해내는 매우 유용한 방법인 것이다. 여기에 비현실적인 것, 세상에 없는 것을 구현하는 방법까지 떠올리면 비로소 혁신이 일어난다. 기존의 것에 대한 의심이 곧 창조를 부르는 추진력이 되는 셈이다.

데카르트는 '나는 생각한다, 고로 존재한다'는 유명한 명제를 밝혀냈다. 이 명제는 의문, 의심의 결과였다. 그는 모든 것에 의문을 던진다. 데카르트는 우리가 당연하게 생각한 모든 것이 실제로 존재하는지, 100% 맞다고 생각했던 지식이 정말 맞는지 하나씩 의문을 제기한다. 감각으로 경험한 것, 이를테면 잠에서 깬 뒤 난롯가에 앉아 지금 자기가 두 손을 뻗고 있는 것조차 현실이 아니라 꿈일 수 있다고 의심한다.

▲프랑스의 철학자 르네 데카르트

데카르트는 '2+3=5'와 같은 분명한 진리까지 의문을 던진다. 악마가 우리를 그렇게 믿도록 속일 수도 있다는 것이다. 이렇게 모든 것에 의문을 던진다. 하지만 절대 의심할 수 없는 한 가지가 있었다. 그건 바로 지금 생각하고 있는 나 자신이었다. '나는 생각한다, 고로 존재한다'는 명제는 그렇게 탄생했다. 철학의 역사를 바꾼 명제는 끝없는 의문과 의심의 결과인 셈이다. 창의적인 아이디어를 내는 네 번째 방법인 '끊임없이 의문 던지기'는 바로 여기서 나왔다.

이미 존재하는 것에 의문을 던지다 보면 새로운 생각이 탄생한다. 의문을 활용해 어떻게 창의적인 아이디어를 떠올릴 수 있는지 알아보자.

100년의 상식 깬 다이슨의 의문

의문을 던지라는 말이 '존재하는 모든 것을 부정하라'는 뜻은 아니다. 창의적 아이디어를 찾기 위해 의문을 도구로 이용하라는 말이다. 마치 데카르트가 의문을 활용해 새로운 철학적 사유를 도출한 것처럼 말이다.

창의적인 아이디어는 크게 두 가지 수준으로 나누어진다. 첫 번째는 개인적 수준의 아이디어다. 자신이 지금껏 생각하지 못했던 아이디어를 떠올렸다면, 개인적 수준에서 창의적 아이디어라 할 수 있다. 두 번째는 사회적 수준의 아이디어다. 이 세상 누구도 생각하지 못한 것이라면 사회적 수준의 창의적 아이디어다.

어느 날 아주 번뜩이는 아이디어가 떠올랐다. 당신은 이 창의적 아이디어를 실현할 생각에 가슴이 두근거린다. 특허를 내고, 성공한 모습을 상상하며 꿈에 부풀기도 한다. 하지만 조금만 알아보면 이미 나보다 먼저 그 생각을 했던 사람이 있었을 가능성이 높다. 이미 그 아이디어를 실현한 제품이 나와 있을 확률도 높다. 실망하지 말자. 당신도 충분히 사회적 수준의 창의적인 아이디어를 낼 수 있다.

그 방법이 뭘까? 방법은 바로 '생각의 횟수'를 늘리는 것이다. 홈런 한 번 칠 확률이 타석에 많이 설수록 높아지는 것과 같은 이치다. 실망하지 않고 개인적 수준의 창의적 아이디어를 많이 내다 보면, 누구도 생각하지 못한 아이디어가 나올 가능성이 커진다. 사회적 수준의 창의적 아이디어를 내려고 하기보다 일단 개인적 수준의 창의적 아이디어를 많이 내려고 하는 편이 쉽고 빠를 수 있다.

아이디어를 많이 생각해 내려면, 생각하는 힘을 키워야 한다. '창의력'에 '력(力)'이 붙는 이유가 여기에 있다. 근력 운동을 많이 하면 근육과 근력이 생기듯, 창의력을 열심히 훈련하면 창의적인 아이디어를 떠올리는 힘, 창의력이 커진다. 특히 사회적 수준의 창의적 아이디어는 '무(無)'에서 '유(有)'를 창조하는 게 아니다. 이미 만들어진 것 위에 새로운 생각을 더함으로써 점점 더 좋은 것이 발명되는 법이니까. 어느 날 갑자기 한 번에 이루어진 것은 하나도 없다. 이미 존재하는 것에 의문을 던지는 게 유효한 이유다.

세계적인 가전기업 다이슨(Dyson)은 의문을 던지고, 여러 번 생각하는 게 왜 중요한지 잘 보여준다. 하루는 다이슨의 창업가 제임스 다이슨이 청소를 하고 있었는데 청소기 안의 먼지봉투가 꽉 차서 흡입력이 떨어졌다. 보통 사람이라면 '얼른 새 먼지봉투를 사야겠다'라고 생각했을 테지만, 그는 의문을 품었다. '청소기에 먼지봉투가 있어야만 할까?'라고. 최초의 진공청소기가 개발된 이래 100여 년간, 먼지봉투는 당연한 것이었다. 하지만 다이슨은 이 100년의 상식에 의문을 던졌다. 이 의문은 자연스레 당시 현실에 존재하지 않는 물건인 '먼지봉투 없는 청소기'로 이어진다. 그는 이 창의적인 생각을 구현하기 위해 무려 5127개의 시제품 아이디어를 낸다. 그 뒤에야 비로소 청소기의 역사를 바꿀 수 있었다.

이후로도 다이슨은 혁신적인 제품을 여럿 내놓는데 '날개 없는 선풍기'가 대표적이다. '날개가 있으면 청소하기도 어렵고 아이가 다칠 수도 있는데, 선풍기에 꼭 날개가 있어야 할까?' 이 의문은 날개 없는 선풍기라는 창의적 아이디어로 이어졌다. 그는 공기의 흐름이 바뀌는 것을 관찰하다가 이를 현실화할 아이디어를 얻은 뒤, 각계 전문가들과 4년간 협업한 끝에 날개 없는 선풍기를 내놓았다. 2009년의 일이다. 1882년에 전기를 이용한 선풍기가 발명된 이래 선풍기 날개는 당연한 상식이었다. 이 상식이 127년 만에 깨진 것이다.

영국의 물리학자 아이작 뉴턴은 이러한 과정을 '거인의 어깨 위

▲다이슨의 선풍기

에 올라가는 것'에 비유했다. 세계 과학사에 위대한 족적을 남긴 뉴턴은 자신이 남들보다 좀 더 멀리 볼 수 있었던 비결을 "선배들이 쌓아놓은 창의적 아이디어(거인의 어깨) 위에 올라가서 보았기 때문"이라고 회고한다.

여기서 우리가 기억해야 할 게 하나 있다. 거인의 어깨 위에 올라가려면 바로 그 거인에게 의문을 던져야 한다는 사실이다. 기존의 이론을 맹목적으로 수용하거나 그 안에 매몰된다면 결코 새로운 생각을 할 수 없다. 모방은 창조의 어머니라고 생각하고 맹목적으로 모방만 해서는 새로운 것이 나오기 어렵다. 자신이 갖고 있는 기존의 것들을 참고삼되 의문을 제기해야 비로소 거인의 어깨 위에서 새로운 것을 볼 수 있다는 이야기다. 다이슨과 뉴턴이 그랬던 것처럼!

최고 점수를 받은 답안지의 비밀

의문을 던질 때 특히 사회적 통념이나 자신이 갖고 있는 고정관념을 깨려는 태도가 중요하다. 그래야 자기 생각에 한계를 긋지 않고, 그것을 넘어 창의적인 생각을 할 수 있기 때문이다. 한 강의에서 만난 학생의 사례를 소개한다. 경제학 수업에서 금융과 이자율에 대해 가르치면서 이런 열린 문제를 낸 적이 있다.

금융 혹은 이자율의 본질을 사자성어로 표현하라.

채점을 하며 보니 학생들은 금융의 본질을 꿰뚫는 사자성어를 고민해 제시하고, 자신이 왜 그런 사자성어를 선택했는지 논리적으로 설명하려고 고심을 한 것으로 보였다. 그중 눈에 띄는 답이 하나 있었다.

초시결공(超時結空). 시간을 뛰어넘고 공간을 잇다.
인류는 시공간적으로 뻗어 있는 하나의 '4차원 개체'이고, 돈과 금융은 4차원 개체 속을 흐르는 혈류이다.

금융의 본질을 창의적으로 표현한 놀라운 답안이었다. 나는 이 학생의 독창적인 해석에 놀랐지만 더 놀라운 건 따로 있었다. 이 사자성어를 한 번도 들어본 적이 없었기 때문이다. 학생이 새로 만든 사자성어였기 때문이다. 자신의 창의적 아이디어를 기존의 사자성어로는 표현하기가 어렵자 세상에 없던 사자성어를 직접 만들어낸 것이었다.

'사자성어로 표현하라'는 말 때문에 대다수 학생은 기존에 배운 사자성어 중에서 금융과 이자율에 적합한 것을 떠올려야 한다고 생각했을 것이다. 무의식적으로 자신의 사고에 제약을 가한 것이다. 반면에 이 학생은 이러한 고정관념을 깨부수고 스스로 새로운 말을 만들어낸 것이다. 답변은 물론 사자성어를 스스로 만들어낸 태도까지 훌륭했다. 나는 이 학생에게 아주 높은 창의성 점수를 주었다.

나는 창의성을 '새로운 것을 생각하고 만들어내는 능력'이라고 정의한다. 이 정의에 따르면 새로운 사자성어를 만드는 것은 가장 창의적인 행위였다. 하지만 많은 학생이 새로운 사자성어를 만드는 것은 적절하지 않다고 생각하며 의식적이든, 무의식적이든 자신의 창의성에 제약을 가했다. 나는 학생들이 이 점을 돌아보길 바라며 수업에서 이 학생의 답안을 예시로 토론을 진행했다.

토론을 시작하자마자 학생들은 '새로 만든 사자성어를 쓰는 게 옳은가'에 대해 문제를 제기했다. 덕분에 이에 대한 열띤 논쟁이 자연스럽게 이루어졌다. 토론 막바지에 한 학생이 "문제에 사자성어를 만들어 쓰지 말라는 말이 전혀 없었다"고 지적했다. 그 학생은 "그런데도 우리 스스로 사고를 구속했다"며 "이러한 구속을 벗어나는 것이 공부하는 바른 자세"라고 말했다. 많은 학생이 공감을 표시했다. 이 토론을 통해 많은 학생이 창의성을 가로막는 제약은 기존의 것을 의문없이 받아들이는 자신의 관성적 사고라는 사실을 깨달았을 것이다.

사자성어로 자신의 업무나 학업 상황 혹은 세상 돌아가는 일을 표현해보는 것도 작지만 유효한 창의력 훈련의 방법이다. 다음은 기업 강연에서 있었던 사례다. 제품을 발주받을 때 으레 생기는 제품에 대한 클레임에 대해 평소 스트레스와 고민이 심한 직원에게 현재의 상황을 극복할 수 있는 방법에 대한 사자성어를 말해 보라는 열린 질문을 던졌다. 그 직원은 이청득심(以聽得心)이라는 사자성어를 이야기했다. 흔하게 쓰이지는 않는 사자성어라 어떤 의미로 썼는지 물어보니, 귀를 기울여 경청하는 일이 바로 사람의 마음을 얻는 최고의 지혜라는 의미로 썼다고 한다.

그 직원은 발주자들과 소통할 때 가장 중요한 부분이 바로 클레임을 한 발주자의 이야기를 우선적으로 경청하는 것에 있다고 본 것이다. 일단은 상대방의 말을 충분히 듣고 그 과정에서 상대방의 마음을 얻어야 결국 문제를 해결할 수 있는 빠른 방법을 찾을 수 있다는 것이다. 그 직원의 이야기를 듣고 있으니, 업무에 대한 이해가 되는 동시에, 짧은 시간에 적확한 사자성어를 찾아낸 직원의 센스와 창의력에 감탄을 하였다.

영국의 유명 록밴드 '핑크 플로이드'의 노래 중 'Another Brick in the Wall'이 있다. 이 뛰어난 노래는 기존의 제도, 특히 교육 제도에 의문을 던지는 데서 시작되었다. 아래는 이 노래 가사의 일부에 내 해석을 덧붙인 것이다.

We don't need no education.
We don't need no thought control.
Teacher! Leave them kids alone!

우리는 이런 (획일적인) 교육은 필요 없어요.

우리의 (자유로운) 생각을 제한하지 말아요.

선생님, 차라리 아이들을 그냥 내버려 둬요.

이 노래는 많은 사람이 당연하게 생각했던 학교와 교육 제도에 대해 강력하게 의문을 제기한다. 우리는 이 노래의 한 구절처럼 "We don't need no education(우리는 이런 교육은 필요 없어요)"을 함께 외쳐야 하는 게 아닐까? 특히 아직도 모방형 주입식 교육만 강요하는 대한민국에서.

창의적 사고는 기존의 지식과 권위에 의문을 제기하고, 자신의 고정관념을 뛰어넘을 때 탄생한다. 남들이 모두 믿는 것에 의문을 던져보자. 그동안 나 스스로 당연하게 생각한 모든 것을 당연하지 않게 생각하자. 생각을 제한하지 않을 때, 비로소 가장 창의적인 생각이 떠오를 것이다.

이 세상에 없던 나만의 새로운 사자성어를 하나 만들고 이를 설명해보라.

초등학생 시절에 배웠던 것 중
지금 생각해도 도저히 말이 되지 않는 것,
혹은 의문이 들었던 것이 있었다면,
그 사례와 이유를 설명해보라.

당신은 500명이 다니는
회사의 대표다.
전 직원이 행복한 회사를
만들기 위한 파격적인 방법을
한 가지 제시하시오.

5

파격적인
상상하기

초현실주의 화가 르네 마그리트의 독특한 그림은 내재된 창의성을 끄집어내는 데 더없이 좋은 교재다. 비현실적인 광경을 그린 작품이 많아 기발한 상상을 하는 데 도움이 되기 때문이다. 실제로 나는 강의실에서 그의 작품을 학생들에게 자주 보여준다.

그의 작품 중에 아주 독특한 작품이 하나 있다. 비현실적인 걸 그리지 않았는데도 매우 창의적이다. 1929년 발표한 '이미지의 반역'이라는 작품이다. 이 그림이 왜 창의적일까? 다음 그림을 보고 이유를 생각해 보자.

그림의 위쪽에 담배 파이프가 하나 덜렁 그려져 있다. 그 아래에는 커다란 글귀가 쓰여 있다. 불어로 쓰인 이 문장은 "이것은 파이프가 아니다"는 뜻이다. 파이프를 그려 놓고 파이프가 아니라고 말하다니, 이것은 모순이 아닐까?

만약 파이프가 아니라는 글귀가 맞다면, 작가는 그림을 잘못 그린 것이다. 반대로 그림을 제대로 그린 게 맞다면, 파이프가 아니라는 작가의 글귀는 틀린 것이다. 단순하게 생각하면 작가가 그림을 잘못 그렸거나 틀린 글귀를 적었거나, 둘 중 하나다.

그런데 여기서 조금만 더 깊이 생각해 보면 이 작품을 논리적으로 해석할 수 있다. 그림의 제목은 '이미지의 반역'이다. 아마도 르네 마그리트는 파이프 그림이 '실제 파이프'가 아니라 '파이프 를 그린 이미지'일 뿐이라고 해석되기를 기대했을 것이다. 그림 은 진짜 파이프가 아니라 파이프를 그린 이미지에 불과하니 '이 것은 파이프가 아니다'는 글은 아주 틀린 말이 아니다.

이 작품에서 창의성과 관련해 특히 돋보이는 점은 커다란 글귀

▲르네 마그리트의 '이미지의 반역' Ceci n'est pas une pipe, 1929 (oil on canvas), René Magritte

다. 캔버스의 상당 부분을 할애해 글귀를 썼다. '그림은 그림이어야 된다'는 그림에 대한 고정관념을 가진 사람이라면 아마 커다랗게 글씨가 쓰인 이 작품은 그림이 아니라고 주장할 것이다. 그만큼 르네 마그리트의 이 그림은 전통적인 그림의 형식을 깬 파격적인 작품이었다.

사람들로부터 주목받는 창작물에는 한 가지 공통점이 있다. 신선한 충격을 주었다는 점이다. 2007년 스티브 잡스가 최초의 스마트폰을 출시했을 때도 그랬다. 키패드가 없고, 인터넷과 전화를 동시에 사용할 수 있는 새로운 휴대폰에 사람들은 열광했다. 이처럼 세상을 놀라게 하는 혁신적인 결과물을 만들고 싶을 때, 파격은 유용한 방법이다. 매우 창의적인 아이디어, 역사를 바꾼 작품, 세계적인 발명품 등은 모두 내용이나 형식의 파괴를 통해 이루어졌다.

'이미지의 반역'은 파격의 의미를 일깨워준다. 파격이야말로 완전히 새롭고, 보다 창의적인 것을 생각하고 만들어내는 데 효과적인 방법이다. '그림은 그림으로만 채워져 있어야 한다'는 형식을 깼다는 점에서 나는 이 작품이 위대하다고 생각한다. 이처럼 형식을 파괴하는 것은 사고의 경계를 확장하는 중요한 행위다. 창의력을 키우는 다섯 번째 방법은 바로 '파격적인 상상하기'이다.

AI를 이기는 방법도 파격

1997년, IBM의 슈퍼컴퓨터 '딥퍼블루'는 체스 대결에서 당시 체스 세계챔피언이었던 카스파로프(Garry Kimovich Kasparov)를 물리쳤다. 이후 역사적인 게임이 한 번 더 있었다. 2016년 3월에 이세돌 9단이 구글의 AI 알파고와 치른 세기의 바둑 대국이다. 결과는 여러분도 알다시피 4-1로 알파고의 압승이었다.

고도의 두뇌게임에서 인간은 언제나 인공지능에 패배했다. 그렇다면 두뇌게임에서 인간은 AI를 절대 이길 수 없을까? 방법이 하나 있다. 바로 파격이다. 실제로 이세돌 9단은 알파고와 마주한 4국에서 파격적인 수로 승리를 거뒀다. 구글의 분석에 따르면, 이세돌 9단을 승리로 이끈 신의 한 수가 나올 확률은 0.007%였다고 한다. 이세돌 9단이 예상치 못한 자리에 수를 두자 당황한 알파고는 실수를 연발하다가 결국 항복을 선언했다. 이세돌 9단은 이 파격 덕분에 알파고를 이긴 유일한 인간이 되었다.

그렇다면 AI를 매번 이길 수 있는 방법은 없을까? 그 또한 파격을 가하면 된다. 형식을 파격적으로 바꾸면 AI에게 백전백승하는 바둑을 만들 수 있다. 바둑은 두 사람이 하는 게임이다. 한 사람은 흑돌을, 한 사람은 백돌을 놓는다. 바둑의 규칙에 따르면 흑돌을 가진 사람이 먼저 바둑판의 가로 선과 세로 선이 만나는 교차점에 바둑알을 놓는다. 그다음 백돌을 가진 사람이 또 다른 교차점에 바둑알을 놓는다. 이렇게 흑과 백이 번갈아 가면서 바둑판의 교차점에 자신의 돌을 놓는다. 만약 내 편의 바둑알이 상대편의 바둑알을 완전히 둘러싸는 경우 내가 상대편의 돌을 빼앗는다. 이렇게 게임을 진행하다가 맨 마지막에 자기편 돌로 둘러싸인 교차점의 수가 많은 사람이 승리한다.

이 규칙을 그대로 두고, 인간이 흑돌을 잡기만 하면 무조건 알파고를 이길 수 있는 방법이 있다. 가로 19줄, 세로 19줄의 일반적인 바둑판이 아니라 가로 3줄, 세로 3줄의 파격적인 바둑판으로 게임을 하는 것이다. 이렇게 하면 '밭 전(田)'자 모양의 바둑판이 만들어진다. 이 바둑판 정중앙에 인간이 흑돌을 놓으면, 알파고는 더는 돌을 두지 못해 무조건 패배를 선언할 수밖에 없다. 바둑판 형식에 대한 파격으로 알파고를 이길 수 있는 것이다.

혹자들은 가로세로 3줄씩만 있는 바둑판으로 하는 게임이 어떻게 바둑이냐고 할 수도 있다. 그럼 이 게임을 '세 줄 바둑'이라고 부르면 어떨까? 일반적인 바둑이 아니라 세 줄 바둑이라는 두뇌게임에서만큼은 인간이 흑돌을 쥐기만 하면 AI에게 백전백승할 수 있다.

듣고 보니 별거 아니라고? 실제로 수많은 창의적 아이디어가 그렇다. 듣고 보면 나도 충분히 떠올릴 수 있을 법한 것인데, 그 아이디어가 세상에 나오기 전에는 아무도 쉽게 생각하기가 어렵다. 일명 '콜럼버스의 달걀'인 셈이다. 콜럼버스는 신대륙을 발견한 자신을 질투하며 "누구나 할 수 있는 일"이라고 비아냥대는 사람들에게 달걀을 세로로 탁자에 세워보라고 제안했다. 아무도 달걀을 세우지 못하자 그는 달걀의 밑부분을 살짝 깨서 세웠다고 한다.

누구나 할 수 있는 생각도 맨 처음 떠올리는 것은 무척 어려운 일이다. 하지만 파격적인 상상을 하면 아무도 떠올리지 못한 아이디어를 최초로 생각해낼 가능성이 높아진다. 해결하기 어려운 문제에 맞닥뜨렸을 때, 파격적인 상상을 해보자. 획기적인 방법을 발견할 수 있을 것이다.

사자성어 문제에 육자성어가 정답인 이유

앞서 '금융 혹은 이자율의 본질을 사자성어로 표현하라'는 문제를 중간고사에 출제했는데, 한 학생이 '시간을 뛰어넘고 공간을 잇다'라는 뜻의 '초시결공(超時結空)'이라는 사자성어를 새로 만들어냈다는 이야기를 전했다. 그런데 이 문제에 '진인사대천명(盡人事待天命)'이라고 답한 학생이 있었다. 이 학생은 '사람으로서 할 수 있는 최선을 다한 후에 하늘의 뜻을 기다린다'는 한자 성어를 활용해 금융과 투자에 대한 이론을 한 쪽에 걸쳐 논리적으로 제시했다.

이 학생의 답안에 따르면 돈을 투자하는 사람들은 다양한 정보를 이용해 미래를 최대한 예측하려고 노력한다. 위험은 최소화하고, 수익은 최대화하기 위해서다. 이때 모든 투자자가 똑같이 이렇게 하면, 남들보다 예상 수익이 높은 사람은 아무도 없을 것이다.

결국 이런 상황에서 남들보다 더 높은 이익을 얻는 사람은 결과적으로 '운(運)'이 좋은 사람이라고 할 수밖에 없다. 그러니 최선을 다하되, 자신에게 운이 오기를 기대하며 진인사대천명의 심정으로 투자의 결과를 받아들일 수밖에 없다는 주장이었다. 이 답안은 노벨경제학상을 받은 시카고대학 유진 파마(Eugene Fama) 교수의 '효율적 시장 가설'과 비슷한 맥락을 가진 훌륭한 주장이었다.

'효율적 시장 가설'은 중간고사 이후 강의를 할 계획이었기 때문에, 이 학생은 수업에서 이 이론을 배운 적이 없었다. 그런데도 효율적 시장 가설과 비슷한 아이디어를 떠올려 스스로 전개했다. 나아가 투자자들의 심리에도 감정이입을 해 진인사대천명이라는 철학으로 연결했기에 이 학생의 답에 높은 점수를 줬다.

물론 이 학생이 유진 파마 교수의 이론을 알고 있었을 수도 있다. 하지만 나는 이 학생이 경제학에 대한 지식을 얼마나 가지고 있는 상태에서 이 답을 떠올렸는지 알 수 없다. 나는 학생이 기존의 이론을 모르는 상태에서 자신만의 아이디어를 떠올렸을 거라고 간주하고 창의적인 답으로 평가했다.

영어에 'benefit of doubt(일단 믿는 것 혹은 무죄로 추정하는 것)'라는 표현이 있다. 불확실한 상황에서는 상대방이 유리한 쪽으로 해석한다는 의미다. 나는 학생들의 창의성을 평가할 때 반드시 이 원칙을 적용한다. '진인사대천명'이란 답안에 좋은 점수를 준 건 그래서였다.

이 학생의 답안에서 내용만큼 흥미로운 것은 형식이었다. '사자성어로 표현하라'는 문제에 여섯 자로 이루어진 한자 성어로 답을 했기 때문이다. 문제의 틀 자체를 깬 것이다. 이 학생은 글자 수에 갇히지 않았기에 파격적인 접근을 할 수 있었을 것이다. 이러한 종류의 형식 파괴는 창의적인 업적에서 매우 자주 일어난다. 실제로 경제학의 역사를 바꾼 위대한 이론, 창의적인 생각들은 기존 이론의 틀을 깨고, 새로운 질문을 던지는 데서부터 시작된 경우가 많다.

나는 이 학생의 답이 파격의 중요성을 알려줄 수 있는 좋은 사

례라고 생각했다. 그래서 함께 강의를 듣는 학생들에게 '진인사대
천명'이라는 답안을 이야기해 주고 토론을 시작했다. 예상대로 여
러 학생이 여섯 글자의 한자 성어를 사자성어로 인정하고, 창의적
인 답안이라고 평가한 것에 대해 이의를 제기했다. '네 글자가 아
닌데, 어떻게 사자성어인가?', '사자성어로 제시하라는 질문의 틀
안에서 창의성을 평가해야 하는 것 아닌가?'라는 학생들의 이의
제기는 모두 타당했다. 교수가 낸 시험에 대해 당당히 문제를 제
기하는 학생들의 태도도 훌륭했다. 그 어떤 생각과 권위에도 의문
을 가지는 것이 창의성을 키우는 첫걸음이기 때문이다.

　사자성어에 육자성어로 대답한 파격은 정답을 찾는 교육에만
익숙해진 한국 학생들에게는 금방 납득이 가지 않을 수 있다. 하
지만 고정관념을 깨는 파격을 어린 시절부터 시도하지 않으면,
또한 학교와 사회가 이러한 파격을 용인하고 권장하는 문화가 형
성되지 않으면 창의적인 아이디어가 탄생하기란 매우 어렵다.

　이런 이유로 나는 학생들의 창의성을 평가할 때 '실용주의적 진
리관'을 택한다. 주어진 목적을 달성하기에 가장 적합한 것이 진
리이고 정답이라는 의미다. 나는 여섯 자의 한자 성어를 창의적이

라고 평가해 가산점을 주는 것이, 네 글자가 아니라 틀렸다고 감점을 하는 것보다 훨씬 더 이익이라고 생각한다. 학생들이 주저하지 않고 파격적인 시도를 하는 데 도움이 될 테니까. 그런 의미에서 여섯 자의 한자 성어는 창의적인 답안, 즉 '정답'인 것이다.

물론 이 문제에 대한 생각은 사람마다 다를 수 있다. 다만 우리 사회는 파격을 인정하는 문화가 너무나 부족하다는 것만은 분명하다. 창의성의 싹이 보일 때, 그 싹을 최대한 보호하고 키워야 창의성의 열매가 열린다.

때론 엉뚱한 상상도 해보고, 또 틀을 깬 행동을 하는 용기를 가지길 바란다. 그래야 창의적인 사람이 될 수 있다.

세상에서 가장 파격적인 음식을 하나 상상해보고 그 음식을 설명해보자.

2024년 한국에서 일어난 '의료대란' 또는 '계엄사태'의 본질을 사자성어로 표현해보자. 새로운 사자성어를 만들어도 좋다.

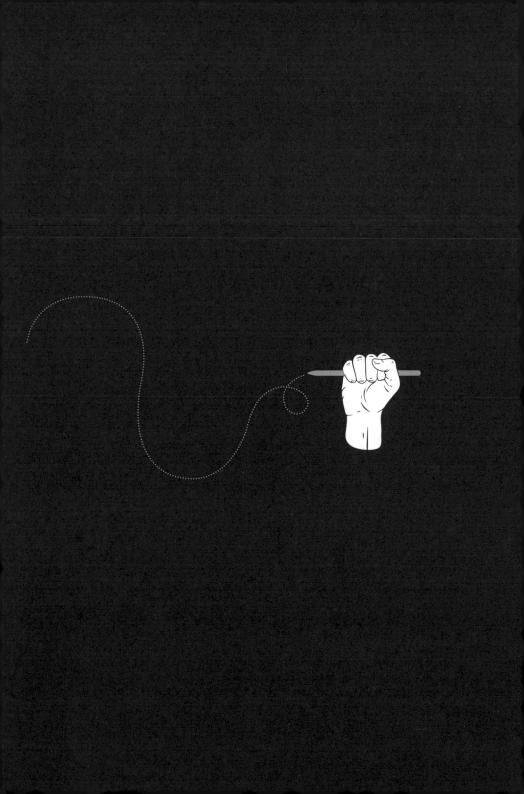

당신은
1주일 시한부 인생이다.
당장 용기 내어
하고 싶은 것이 무엇인가?

6

내 생각을
밀고 나갈
용기 키우기

지금까지 창의력을 키우기 위한 전략에 주목했다면, 이번에 이야기할 창의력을 키우기 위한 여섯 번째 방법은 마음의 자세와 관련이 있다. 창의적인 사람이 되려면 '용기'가 필요하다. 창의적인 아이디어를 생각해 내거나 그것을 입 밖으로 꺼내기 위해서는 다른 사람의 시선이나 비판을 신경 쓰지 않고 자기 생각을 밀고 나가는 태도(용기)가 필요하다.

한국 사회는 유독 창의적인 생각을 말하기도 어려운 환경이다. 특히 입시를 향해 내달리는 한국의 교육 시스템 안에서는 누군가가 창의적인 생각을 말하면 비난하고 깎아내리는 문화가 만연해 있다. 수업 시간에 남다른 생각을 말하는 학생은 격려를 받기보다 비웃음을 사기가 더 쉽다.

직장에서도 마찬가지다. 회의 시간에 스스럼없이 자신의 의견을 자유롭게 말할 수 있는 직장인이 과연 몇이나 될까? 직종마다 분위기는 물론 다르겠지만, 자신의 생각을 자유롭게 발언할 수 있는 환경이 제대로 갖춰진 곳은 극히 드물다.

자신만의 특별한 생각을 하고 그것을 세상에 말할 수 있는 용기는 어디서 나올까? 시인 이상, 작곡가 베토벤, 화가 앙리 마티

스는 공통점이 있다. 세간의 비난에도 꿋꿋이 자신의 길을 걸어
간 창의적인 인물들이라는 점이다. 이들은 기존의 형식에서 벗어
난 파격적인 작품을 만들어 자신의 분야에서 새로운 지평을 열었
다. 이 외에도 한 가지 공통점이 또 있다. 무엇일까? 바로 셋 다 작
품이 발표된 초기에 엄청난 혹평을 받았다는 것이다.

　창의적인 생각은 평범한 생각과 부딪힌다. 기존의 관습이나 문
화와도 마찰을 빚는다. 종종 가족을 포함해 주변 사람들의 생각
과도 부딪힌다. 기존의 것을 파괴하면 낯설게 느껴지고 불편하기
마련이기에 창의적인 생각이나 작품이 비난을 받기 쉬운 건 그
래서다. 따라서 창의적인 사람이 되려면 무엇보다 다른 사람들의
비판에 굴하지 않고 자신의 아이디어를 주체적으로 밀고 나가는
용기가 필요하다. 여섯 번째 방법은 바로 '내 생각을 밀고 나갈 용
기 키우기'이다.

마티스의 용기

피카소와 함께 20세기의 가장 위대한 미술가로 일컬어지는 앙리 마티스는 유명한 명언을 남긴다.

Creativity takes Courage(창조에는 용기가 필요하다).

실제로 그의 삶은 자신의 창의성을 세상에 선보이기 위한 용기로 점철되어 있다. 로스쿨을 졸업하고 법률가가 된 청년 마티스는 맹장염에 걸려 병원 생활을 하던 중 어머니가 선물한 물감과 붓으로 그림을 그리기 시작했다. 그걸 계기로 그는 화가가 자신의 길임을 깨닫는다. 결국 안정적인 법률가의 길을 포기하고 아버지의 강력한 반대에도 불구하고 파리의 미술학교에 진학한다. 마티스의 첫 번째 용기였다.

뒤늦게 그림을 배운 마티스는 정형화된 방식으로 그림을 그리는 것에 흥미를 느끼지 못했다. 그래서 자신의 취향대로 당대 화가들이 잘 쓰지 않던 빨강, 노랑, 파랑 등 강렬한 원색을 사용해

▲앙리 마티스

자신만의 그림 세계를 구축해 나가기 시작한다. 그러던 1905년, 마티스는 미술 전람회에 자신의 아내를 그린 '모자를 쓴 여인'을 출품한다. 이 작품은 큰 화제가 되었다. 작품이 훌륭해서가 아니다. 반대로 너무나 많은 비판에 휩싸였기 때문이다.

여인의 얼굴에 노랑, 초록, 빨강, 파랑 등 원색을 덧칠하고, 그리다 만 듯 형태를 불분명하게 표현한 마티스의 그림은 혹평을 받는다. 이 작품을 선보인 뒤 유명 평론가들로부터 "가장 형편없는 물감 자국이다", "자연의 색을 무시하고 물감을 뒤섞었다", "야수의 색채 같다" 등의 혹평을 받았다.

그러나 마티스는 세간의 평에 위축되거나 굴하지 않았다. 오히려 "야수 같다"는 표현을 마음에 들어 했다고 한다. 그는 보란 듯이 더욱 화려한 색채와 거친 붓질로 강렬한 작품 세계를 발전시켰다. 그리고 결국 '야수파(fauvism)'라는 새로운 미술사조를 탄생시키기에 이른다. 이후 사람들은 더는 그의 그림을 "야수 같다"고 비난하지 않았다. 반대로 그는 '색채의 마술사'라는 평을 듣게 됐다.

1941년, 십이지장암 진단을 받고 두 차례의 큰 수술을 한 뒤에도 마티스는 그림을 포기하지 않았다. 오랜 시간 붓을 들고 캔버

▲마티스의 대표작 '이카루스'

스 앞에 앉아 있을 힘조차 없었다. 그러자 그는 침상에서 색종이를 오려 그림을 그리는 창의적인 방법을 생각해 낸다. '종이 오리기(Paper Cut-outs)'라고 불리는 이 기법은 현대 미술사에 큰 족적을 남긴 혁신적인 기법이었다.

마티스가 종이 오리기 기법으로 그린 대표작이 '이카루스'다. 그리스 신화 속 비극의 인물인 이카루스가 허공에서 날갯짓하는 듯한 모습을 색종이를 오려서 표현했다. 용감하게 붓 대신 가위로, 물감 대신 종이로 그림을 만든 마티스의 작품은 '그림을 그려야 한다'는 정형화된 틀을 파괴한다. 그의 창의성과 용기가 단연 돋보이는 시도다.

만약 마티스가 아버지의 뜻대로 법률가의 길을 걸었다면, 평단의 혹평에 굴복해 당대의 미술사조를 따랐다면, 병마에 좌절해더는 그림을 그리지 않았다면, 어떻게 됐을까? 우리는 그의 존재를 알지 못했을 것이다. 그의 작품에 감동할 일도 없었을 것이다. 마티스는 세상의 선입견이 자신의 앞길을 막도록 내버려 두지 않았다. 그의 용기가 그를 세계적인 예술가로 만든 것이다. 어느 이름 모를 부자 법률가가 아니라.

1500년의 진리를 깬 사람들

　해는 동쪽에서 떠서 서쪽으로 진다. 온종일 하늘을 가로지르며 움직인 해가 서쪽으로 저물어 들어가면 이번에는 달과 별이 하늘에 떠오른다. 그렇다면 모든 천체는 지구를 중심으로 도는 게 아닐까?

　해와 달, 별이 뜨고 지는 광경을 보면 지구는 고정되어 있고 천체가 그 주변을 돈다는 생각이 너무나 당연한 사실로 느껴진다. 이러한 생각으로 고대의 천문학자 프톨레마이오스(Klaudios Ptolemaeos)는 해와 별이 지구를 중심으로 돈다는 천동설을 정립했다. 이후 중세시대까지 천동설은 당연한 사실로 받아들여졌다.

　그로부터 한참의 세월이 흐른 뒤, 폴란드의 천문학자 니콜라우스 코페르니쿠스(Nicolaus Copernicus)가 천동설에 강한 의문을 제기한다. 1000년 넘게 세상의 진리로 여겨지던 생각에 균열을 낸거다. 그는 "겉보기에는 태양이 지구 주위를 도는 것처럼 보이지만, 실제로는 지구가 태양 주위를 도는 것"이라며 지동설을 주장한다. 이러한 코페르니쿠스의 주장은 1000년이 넘는 역사를 가진

▲니콜라우스 코페르니쿠스

믿음에 반하는 혁명적인 생각이었기 때문에 엄청난 공격을 받았다. 천동설을 철석같이 믿고 있던 사람들은 "지구가 태양 주위를 돈다"는 그의 말을 도저히 받아들일 수 없었다.

학계와 사회의 반발이 심하자 코페르니쿠스는 자신의 저서를 발표하는 것을 몇십 년 동안 미룬다. 그러나 1543년, 세상을 떠나기 직전 그는 마침내 용가를 낸다. 근대 과학의 전환점을 이룬 《천체의 회전에 관하여》를 세상에 선보인 것이다.

지구가 우주의 중심이 아니라 주변일 뿐이라는 지동설의 아이디어는 그 후로도 한참 동안 사람들의 지지를 받지 못했다. 코페르니쿠스가 세상을 떠난 뒤에도 지동설은 이단의 주장이라고 여겨져 가톨릭교회의 탄압을 받았다. 1600년, 코페르니쿠스의 이론을 지지하고 발전시킨 조르다노 부르노가 화형을 당했을 정도로 지동설에 대한 종교의 탄압은 거셌다.

이후 이탈리아의 천문학자 갈릴레오 갈릴레이(Galileo Galilei)가 자신이 개발한 망원경으로 목성의 위성들을 발견한다. 그리고 이 위성들의 궤적을 관측한 결과를 토대로 코페르니쿠스의 지동설이 옳다는 주장을 한다. 이로 인해 그는 1616년에 가톨릭 종교재판을 받게 된다. 그래도 갈릴레이는 연구를 지속했고, 1632년 위험을 무릅쓰고 지동설에 관한 저서를 펴낸다. 그 결과 또 한번 종교재판을 받게 된다. 이때 지동설이 옳다고 주장하다가는 목숨을 빼앗길 수도 있는 상황이 되자 갈릴레이는 어쩔 수 없이 자신의 주장을 부정한다. 그럼에도 재판을 끝내고 나오는 길에 그는 이렇게 중얼거렸다고 전해진다.

그래도 지구는 돈다.

이 유명한 말이 후세에 꾸며진 것이라는 주장도 있다. 만약 갈릴레이가 재판장에 있는 사람들이 들을 수 있을 만큼 크게 이 말을 했다면, 지동설을 주장하는 것이라고 판단해 재판이 다시 열렸을 테니까. 또 아무도 들리지 않을 만큼 작게 말했다면, 그 말을 들은 사람은 아무도 없었을 것이다. 무엇이 진실인지는 알 수 없지만 한 가지는 분명하다. 갈릴레이가 그런 말을 했는지와 상관없이 그는 끝까지 지구가 돈다고 믿었다는 사실이다. 갈릴레이가 몇십 년에 걸쳐 사람들의 공격과 탄압을 받으면서도 지동설에 관한 책을 펴내며 죽음의 위협을 감수한 건 그래서다.

코페르니쿠스나 갈릴레이가 비판과 탄압이 두려워 더는 생각하지 않고 포기했다면, 인류 역사는 어떻게 되었을까? 이들이 용기를 내지 않았다면 근대 과학은 꽃피지 못했을 것이다. 이들 자신도 아무도 기억하지 않는 평범한 사람으로 역사에 남았을 것이다.

'그것만이 내 세상'

지금까지 창의적인 생각을 하고 그것을 세상에 내보이기 위해선 용기가 필요하다는 이야기를 했다. 그렇다면 그 용기는 어떻게 해야 생길까? 세간의 비난에도 흔들리지 않았던 코페르니쿠스, 갈릴레이, 마티스가 가진 용기의 원천은 무엇일까.

나는 그 용기가 자신에 대한 믿음에서 나온다고 생각한다. 내 인생을 설계하고 책임질, 내 인생의 주체는 그 누구도 아닌 나 자신이라는 믿음이다. 그 믿음이 있어야 나만의 창의적인 아이디어를 시도하고 계속 밀고 나갈 수 있다. 그 믿음이 있어야 심지어 실패해도 후회 없이 행복할 수 있다.

그 믿음과 용기에 대해서 학생들에게도 자주 이야기한다. 놀랍도록 훌륭한 창의적인 아이디어들이 용기 부족으로 그것을 입 밖에 내지 못한 이유 하나만으로 아무도 모르게 소멸되었을 수 있다. 우리는 스스로 무엇이든 생각해내고 말할 수 있다는 나 자신에 대한 믿음과 용기를 가질 수 있어야 한다. 당신의 내면에 그동안 잠들어 있던 창의력을 이제는 깨울 때가 왔다.

한국의 록밴드 들국화의 '그것만이 내 세상'이라는 노래가 있다. 나는 이 노래가 창의적이고자 하는 우리 모두를 위한 응원가 같다는 생각을 하곤 한다. 가사의 일부를 소개한다.

세상을 너무나 모른다고/
나보고 그대는 얘기하지/
조금은 걱정된 눈빛으로/
조금은 미안한 웃음으로(중략)
하지만 후횐 없어 찾아 헤맨 모든 꿈/

그것만이 내 세상/
그것만이 내 세상

가사의 한 구절처럼 내가 이야기하는 창의적이며 주체적인 세계는 언제든 누군가에게 외면당할 수도, 또 비난받을 수도 있다. 가족이나 사랑하는 사람으로부터도 핀잔을 들을 수 있다. 창의적인 사람들은 언제나 '세상을 너무나 모른다'는 걱정의 눈초리를 받기 마련이니까.

하지만 들국화처럼 여기에 굴하지 않고 자기 세계를 꿋꿋이 밀고 나갈 용기가 필요하다. 그런 용기 덕분에 들국화는 대한민국 음악사에 큰획을 긋는 록밴드가 되었다. 1985년에 나온 이 노래 역시 한때 방송 금지 처분을 받았다. 노래를 금지한 명목은 놀랍게도 '창법 미숙'이었다. 들국화의 보컬리스트 전인권은 당대 가수들과 다른 독창적인 창법을 가지고 있었다. 거칠고 허스키한 그의 음색을 '다르다'고 높이 평가하기보다 '미숙하다'고 깎아내렸던 것이다. 그런데도 이 노래는 큰 사랑을 받았다. '그것만이 내 세상'이 수록된 들국화의 1집 앨범은 한국 대중음악 100대 명반에 뽑혔다.

   이 노래를 듣고 있자면 '나는 과연 주체적인 삶을 살고 있나' 스스로에게 질문을 하게 될 때가 있다. 당신에게는 '그것만이 내 세상'이라고 말할 수 있는 것이 있는가? 다른 사람의 의견이 아니라 내 마음에서 우러나온 나만의 생각, 나만의 세상. 그 생각을 믿고 끈기 있게 밀고 나가는 용기가 창의성의 씨앗이다.

   스티브 잡스도 스탠퍼드 대학 연설문에서 다음과 같이 말했다.

"다른 사람의 삶을 사느라고 시간을 허비하지 마십시오 … 가장 중요한 것은 마음과 직관을 따라가는 용기를 가지는 것입니다."

   이제는 용기를 갖고 나만의 세상을 만들자. 그리고 나만의 세상이 무엇인지에 대해 세상에 드러내자. 지금이 바로 그때다.

내가 주인공인 소설 속의 세상을 상상하여 간략히 기술해보자.

'그/것/만/이/내/세/상'으로
운에 맞추어 칠행시를 지어보자.

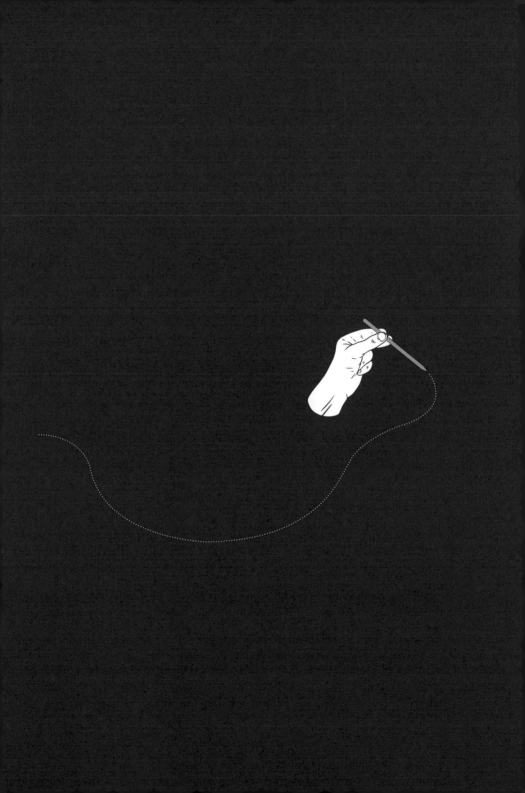

지금까지 가장 큰 실패를
한 적은 언제인가?
그 실패로 무엇을 얻었는가?

7

실패하며
계속 연습하기

창의적인 생각, 남들이 떠올리지 못한 새로운 아이디어라고 다 성공하는 건 아니다. 벤처기업이 성공할 확률이 10%가 채 안 되는 걸 보면 창의적인 아이디어가 기존의 생각보다 좋을 확률은 10%도 안 될 수 있다는 생각이 든다. 그렇다고 실망할 필요는 없다.

발명왕 토머스 에디슨은 실패의 중요성에 대해 강조한 인물이다. 그 역시 발명품 하나를 완성하기 위해 수없이 많은 실패를 거듭했다. 에디슨이 1000개 이상의 특허를 출원할 수 있었던 건 수많은 실패가 있었기 때문이다. 그가 생각해낸 수많은 아이디어 중 극히 일부만이 발명과 특허로 이어졌다. 에디슨은 발명왕인 동시에 실패왕인 셈이다.

어떻게 하면 실패의 가능성을 성공으로 바꿀 수 있을까? '아이디어의 개수'를 늘리면 된다. 예를 들어 아이디어 하나가 성공할 확률이 10%라고 할 때 아이디어를 하나만 생각해 내면 성공할 확률이 10%다. 그러나 10개를 생각해 내면 그중 하나가 성공할 확률은 100%에 가까워진다. 이처럼 아이디어 개수를 늘려 성공적인 아이디어 하나를 얻으려면 9개의 실패한 아이디어가 나올 수밖에 없다. 실패한 아이디어가 많을수록 성공한 아이디어가 나올 가능성이 높아지는 것이다.

우리는 수없는 실패로부터 인생을 배우기도 한다. 지금 생각한 아이디어가 그다지 성공적이지 않더라도 실망할 필요는 없다. 지금 이 생각은 실패한 아홉 개의 생각일 뿐이니까. 단순하게 생각하자. 그저 아홉 개의 생각을 더 하면 된다.

창의적인 아이디어를 더 많이 내는 능력, 나는 이걸 '창조형 인적자본'이라고 부른다. AI와 함께 살아갈 인류는 사회 곳곳에서 새로운 가치를 창출하는 창조형 인적자본으로 무장해야 한다. 그러기 위해서는 무엇을 해야 할까? 창조적 인적자본, 즉 많은 아이디어를 내는 능력을 키우기 위해서는 끊임없는 연습이 필수다. 일곱 번째 방법은 '실패하며 연습하기'이다.

창의적인 생각을 끊임없이 연습하라

"제가 그런 생각을 해낼 수 있을까요?"

얼마 전에 만난 한 직장인과 대화를 나누다 이제는 창의적인 생각을 도무지 못하겠다는 자신감 없는 이야기를 들었다. 직장생활을 오래 하며 평사원에서 관리직까지 올라간 마흔 즈음의 직장인 여성이었다. 팀원으로 지낼 때는 늘 새로운 아이디어와 열정이 샘솟았는데, 관리 업무까지 하게 되며 지금은 일과 사람에 치여 아무런 의욕이 없고, 머리가 굳은 것 같다고 했다. 대화를 나눠 보니 재치 있는 답변도 꽤 할 줄 알고, 흥미로운 사람인데 전체적으로 머리와 마음이 경직되어 있어 무척이나 안타까웠다. 골똘히 생각하다 내가 도움을 줄 수 있는 것이 바로 열린 질문이라는 생각이 들어 이렇게 질문했다.

"지금 하시는 분야에서 아무도 해보지 않은 걸 한번 시도해 보시면 어떨까요."

늘 비슷한 일을 하던 그는 나의 질문을 듣고 문득 떠오르는 이런저런 아이디어를 이야기하다 얼굴이 밝아져 돌아갔다.

내가 강의실에서 학생들에게 매주 정답이 없는 열린 문제를 과제로 내는 까닭이 있다. 학생들이 창의적으로 생각하는 연습을 끊임없이 하길 바라서다. 실제로 학생들이 제출한 답안을 보면 연습을 많이 할수록 창의력이 커진다는 사실을 실감할 수 있었다. 생각하고 상상하는 것도 습관이고, 이런 습관이 창의력을 만드는 근력이 된다. 한순간 떠올린 아이디어가 현재 답답하던 고민이나 문제를 해결해 줄 수도 있고, 또 더 나은 삶을 만들어가는 초석이 되어줄 수도 있다.

학생들은 첫째 주보다 둘째 주, 둘째 주보다 셋째 주의 답안이 연습을 거듭하며 훨씬 더 창의적으로 진보했다. 15주의 강의가 끝난 뒤 설문을 하면, 학생들 역시 95% 이상이 "창의력이 크게 늘었다"고 답한다.

시간을 투자할수록 더 창의적인 생각을 할 수 있다는 건 자명한 진리다. 고전파 음악가 중 가장 천재적이라고 평가되는 볼프강 아마데우스 모차르트의 작품 역시 부단한 창의력 연습의 결과다. 모차르트는 1764년에 처음으로 교향곡을 작곡했다. 놀랍게도 그의 나이 여덟 살 때의 일이다. 모차르트는 이듬해에도 몇 개의 교향곡을 작곡했다고 알려져 있다. 초등학교 1, 2학년 나이에 클래식에서 가장 규모가 큰 곡을 만들었다니, 대단한 음악적 재능을 가졌다는 생각이 든다.

　그런데 모차르트의 초기 작품은 크게 인정받지 못한다는 사실을 아는가? 모차르트가 신동(神童)이었다는 생각 때문에 많은 사람이 그의 어린 시절 작품들이 대단했을 거라고 추측한다. 하지만 전문가들의 견해는 다르다. 모차르트의 초기 교향곡은 당대 유명 작곡가들의 작품을 모방한 것에 가까웠다고 한다. 음악사에 길이 남은 혁신적인 교향곡들은 모두 모차르트의 후기 작품이다. 모차르트가 타고난 재능으로 하루아침에 놀라운 교향곡을 완성한 게 아니라는 이야기다. 어린 시절부터 꾸준히 창작 연습을 통해 창의력을 키웠기 때문에 세계적인 음악을 만들 수 있었던 것이다.

　20세기 최고의 대중음악가로 불리는 비틀스도 마찬가지다. 학창 시절부터 음악에 심취했던 존 레넌과 폴 매카트니는 1957년, 한 교회 공연에서 처음 만나게 된다. 이 만남을 시작으로 탄생한 밴드 비틀스는 창단 초기부터 엄청난 연습을 하고, 수많은 노래를 만들었다. 하지만 이들 역시 초기 곡들은 좋은 평가를 받지 못했다. 대중음악사에 혁신을 불러일으킨 노래 대부분은 밴드 창단

8년 뒤인 1965년 이후 나왔다. 'Yesterday'는 1965년, 'Hey Jude'는 1970년에 발매된 앨범의 수록곡이다. 'Let it be'는 비틀스의 열두 번째 앨범이자, 마지막 앨범의 대표곡이다.

이렇듯 창의적인 작품을 만든 예술가는 하루아침에 만들어지지 않았다. 부단한 창의력 연습 끝에 탄생했다. 즉 창의성을 키우는 궁극적인 방법은 단 하나, 끊임없이 창의력 훈련을 하는 것뿐이다.

뉴턴은 왜 회중시계를 삶았을까

훈련하면 할수록 창의력이 커진다는 것은 이론적으로도 설명할 수 있다. '인적자본 이론'을 만든 시카고대 게리 베커 교수와 이를 경제 성장의 원동력으로 승화시킨 로버트 루커스 교수는 인적자본이 어떻게 증가하는지를 이론화했다. 이들에 따르면 인적자본은 '시간 투자'와 '타고난 능력'의 함수이다. 시간을 많이 투자할수록 인적자본이 더 많이 늘어난다는 것이다.

끊임없이 창의적인 아이디어를 생각해내는 능력인 '창조형 인적자본'도 마찬가지이다. 시간을 들여 훈련하면 훈련할수록 창조형 인적자본이 늘어난다. 천재적으로 태어난 사람도 창의적인 결과물을 만드는 연습을 하지 않으면 재능은 무용지물이 되고 만다. 반대로 평범하게 태어났다고 해도 창의성을 키우는 연습을 많이 하면 창조형 인적자본을 갖게 된다. 누구나 훈련하면 창의적인 인재가 될 수 있는 것이다.

시간을 투자해서 연습하는 것은 이미 창의력을 가진 사람이 더 창의적인 아이디어를 내는 데도 필요하다. 과학자나 발명가, 학자같이 이미 자신의 분야에서 일정한 성과를 낸 이들 역시 더 창의적인 아이디어를 내기 위해 특정 주제에 시간을 투자해서 집중한다. 이를 몰입이라고 부른다. 《몰입》의 저자인 황농문 서울대 명예교수(재료공학부)는 한창 재료 분야 관련 연구를 하던 시절 걸을 때도, 운전할 때도, 식사하거나 샤워를 할 때도 의도적으로 생각의 끈을 놓지 않으려고 노력했다고 한다. 그러던 어느 날, 자신의 의식이 온통 연구에 대한 생각으로 가득 채워진 몰입 상태를 경험한다. 황 교수에 따르면 이 몰입 상태에서 기적과 같은 창의적인 아이디어가 높은 빈도로 떠오른다고 한다. 머릿속에 다른 생각 없이, 오로지 연구만 생각하던 몰입 덕분에 황농문 교수는 재료 분야에서 수십 년간 미해결로 남아 있던 난제들을 풀어내는 놀라운 성과를 냈다.

뛰어난 창의적 업적을 이룬 이들 중엔 아주 오랜 시간 특정 주제를 집중적으로 생각한 이들이 너무 많다. 이렇게 한 가지 생각에 집중하다 보면 정신이 팔린 듯 엉뚱한 모습을 보이는 경우도 허다하다. 아이작 뉴턴은 연구에 몰두한 나머지 간식으로 달걀을 삶아 먹는다는 것이 그만 둥근 회중시계를 냄비에 넣고 삶은 일화로 유명한다.

창의적 아이디어는 충분한 시간을 투자해 생각한 끝에 탄생한다. 창의력도 충분한 시간을 투자해 연습해야 향상된다. 축구를 잘하려면 연습을 계속해야 되고, 피아노를 잘 치려면 피아노를 끊임없이 연습해야 하듯 창의력을 키우려면 끊임없이 창의력을 연습해야 한다. 매일 하루에 10분이라도 창의적인 생각을 해보자. 매일 시간을 정해두고 필자가 내드린 창의력 연습 문제를 풀어봐도 좋다. 쌓인 시간만큼 여러분의 창의력이 자랄 것이다.

창의력을 키우는 색다른 방법들

　지금까지 창의력을 키우는 일곱 가지 방법을 소개했다. 필자가 지난 20년간 서울대 학생들을 가르치며 시도해 본 수많은 연습 중 가장 효과적인 방법으로 검증된 것들을 추린 것이다. 물론 창의력을 키우기 위한 연습은 이외에도 많다. 일상에서도 쉽게 따라 할 수 있는 방법들도 있는데 그중 몇 가지를 소개한다.

　첫 번째는 '창의적으로 살기'이다. 창의적으로 생각하는 걸 넘어 창의적으로 살아보자. 창의적으로 숨 쉬고, 먹고, 일하고, 놀고, 자는 거다. 코인노래방에 가면 매번 부르던 노래를 부르지 말고 그동안 한 번도 불러보지 않은 낯선 노래만 골라서 불러보자. 요리를 할 줄 모른다면? 이것저것 다양한 식재료를 사서 한 번도 만들어보지 않은 요리를 만들어보자. 혹은 지난 주말 식당에서 먹은 요리를 레시피 없이 한번 만들어 보는 건 어떨까? 익숙한 메뉴에 완전히 새로운 재료를 넣어볼 수도 있을 것이다.

　물론 매 순간을 이런 방식으로 살기란 쉽지 않다. 중요한 건 그런 시도를 해보는 것이다. 순간순간 창의적으로 사는 사람은 그렇지 않은 사람보다 더 다채로운 경험을 할 수 있다. 그리고 새로운 경험을 하며 더 행복해질 수 있다.

두 번째는 '꿈꾸며 생각하기'이다. 독일의 화학자 프리드리히 케쿨레는 1865년 어느 날 뱀이 자기의 꼬리를 무는 꿈을 꿨다. 당시 그는 유기화합물인 벤젠의 분자 구조를 알아내기 위해 애를 쓰고 있었다. 그리고 바로 그 꿈 덕분에 벤젠이 직선 구조가 아니라 뱀처럼 서로 꼬리를 무는 육각형 구조라는 아이디어를 얻게 됐다. 말이 안 된다고 생각할 수도 있지만 꿈에서 중요한 아이디어를 얻는 것은 이미 뇌과학으로도 증명됐다. 뇌과학에 따르면 몸은 자고 있지만 뇌는 깨어 있는, 렘수면 상태에서 꿈을 꾸게 되는데 바로 이 렘수면 상태에서 창의적인 아이디어가 나올 가능성이 높다.

사실 이 방법은 꿈을 통제할 수 없다는 점이 단점이다. 하지만 깨어 있는 동안 한 가지 아이디어에 몰입하다 보면 결정적인 힌트가 담긴 꿈을 꿀 확률이 높아질 수도 있다. 특히 잠들기 전까지 그 생각을 한다면 더욱 효과가 높을 것이다. 나 역시 이 방법을 자주 쓰고 있다.

그 밖에도 창의력을 키우는 연습 방법은 무척 다양하고 많을 수 있다. 1000개가 훌쩍 넘을 수도 있다. 어쩌면 1004번째 정도에 '창의성을 갖게 해달라고 기도하기'가 있을 수도 있다. 필자는 이 방법을 사용하는 사람이라면 실제로 창의성이 크게 향상될 수도 있으리라 생각된다. 기도를 할 만큼 절실함을 가진 사람이라면 평소 창의력을 키우기 위해 온갖 노력을 다하고 있을 테니까.

지금까지 실패가 두려워 한 번도
시도해보지 않은 행동이 있는가?
그것을 당장 한 주 안에 실현할 용기가 있는가?

꿈이 현실이 되거나,
혹은 꿈에서 중요한 힌트를
얻은 경험을 써보라.

PART 3

창의력 성장을 위해 필요한
한국 경제 핵심상식 10가지

창의력은 나 개인의 경제적 생존과 행복을 위해서만 중요한 게 아니다. 필자가 쓴《모방과 창조》에서 이야기했듯이 내가 살고 있는 대한민국의 경제를 살리는 해결책도 창의력에 달려 있다. 이번 장에서는 창의력이 한국경제와 도대체 무슨 연관이 있다는 것인지에 대해 조금이라도 짚고 넘어가고자 한다.

우리가 살고 있는 대한민국의 경제는 지금 어떤 상황이며, 어디로 가고 있을까? 이 질문에 답을 하기 위해서는 우선 한국경제에 대해 정확히 알고 있어야 한다. 아는 만큼 보인다고 했다. 주식 투자를 하거나 코인에 투자하거나 취직해서 직장에서 일할 때도 한국경제에 대한 정확한 지식이 필수적이다. 그래서 주식, 부동산, 코인 등에 투자하는 사람들은 열심히 한국경제에 대한 정보를 모으고 공부도 한다. 그러나 수많은 정보의 홍수 속에 한국경제에 대한 정말 중요한 핵심 지식과 원리들은 정확히 모르는 경우가 많다.

이런 독자들을 위해 지금부터 한국경제에 대한 핵심적인 지식을 이야기하고자 한다. 특히 경제에 대해 복잡하고 어렵게만 여기는 독자들을 위해 짧은 시간 안에 한국경제에 대해 간략하고 명

확하게 이해할 수 있도록 '한국경제 핵심상식 열 가지'로 정리했
다. 이를 통해 나의 창의력이 한국경제를 살리는 해결책임을 알게
될 것이다. 이 10가지 핵심상식을 머릿속에 새기면 현재 진행 중
인 투자와 개인의 성장에도 반드시 도움이 될 것이다.

　나는 일찍이 한국경제 성장률의 하락 원인을 창의력 부재에서
찾았다. 지금부터 내가 이야기하는 10가지에 대한 개념만 제대로
이해한다면, 창의력 성장을 위한 핵심 경제 지식을 익히는 셈이다.

하나, 대한민국의 장기경제성장률은 5년마다 1%포인트씩 하락했다.

　나라 경제가 어떤지를 한 숫자로 요약해서 보려면 경제성장률,
특히 10년간에 걸친 연간성장률의 평균인 장기성장률을 봐야 한
다. 한국의 진짜 성장능력을 나타내는 장기경제성장률은 지난 30
년간 진보, 보수 정권에 상관없이 5년마다 1%포인트씩 또박또박
하락했다. 수치로 보면 김영삼 정부 시절 6%대에서 김대중 정부

5%대, 노무현 정부 4%대, 이명박 정부 3%대로 떨어졌다. 그 추세대로면 박근혜 정부 2%대, 문재인, 윤석열 정부 1%대를 통과해 지금은 0%대를 향해 가고 있을 것으로 추정된다.

나는 이것을 '5년 1% 하락의 법칙'이라고 부른다. 이 법칙은 지난 30년간 한국경제를 좌지우지해온 무시무시한 법칙이다. 현재 대한민국 경제가 봉착해 있는 거의 모든 문제의 근본적인 원인도 바로 이 '5년 1% 하락의 법칙' 때문이다.

예를 들어 장기화된 취업절벽으로 우리 청년들의 좌절감과 분노가 급격히 커지고 있다. 그 결과 '이생망(이번 생은 망했다)', '헬조선(Hell(지옥)과 조선의 합성어)' 같은 신조어가 회자된 것도 10년이 넘었다. 이러한 이생망 현상이 벌어진 원인은 결코 우리 청년들이 나약해서가 아니다. 장기경제성장률이 지속적으로 하락하고 있기 때문이다. 청년들은 소득이 빠르게 증가하는 '좋은 일자리'를 원하는데 성장률이 떨어지면서 소득이 빠르게 증가하는 일자리가 급격히 줄어들었다. 결국 청년들이 열심히 공부해서 대학을 졸업하고, 어마어마한 스펙 경쟁을 뚫어도 좋은 직장을 구하기가 어려워져 버린 것이다.

둘, 장기경제성장률이 추락하며 양극화도 심화됐다.

살기 좋은 나라는 경제가 빠르게 성장해 나라 전체의 소득이 빠르게 증가하되 모든 국민이 그 소득 증가의 혜택을 고르게 누리는 나라다. 그런데 일반적으로 경제 성장과 소득 분배는 상충관계(Trade-off)에 있다고 생각한다. 경제성장률이 올라가면 분배는 악화되고, 반대로 성장률이 떨어지면 분배는 개선된다는 생각이다.

과연 우리나라에서도 장기성장률이 추락하는 지난 30년간 소득분배라도 개선이 되었을까? 아니다. 지난 30년간 한국경제는 성장과 소득 분배가 상충관계가 아니라 양(陽)의 관계였다. 즉 경제성장률이 떨어지면 소득 분배가 개선되어야 하는데, 우리나라는 경제성장률이 추락하는 동시에 소득 분배도 악화되어 양극화까지 심화된 것이다.

셋, 최근 심각한 저출산 문제의 근본적인 원인은 '5년 1% 하락의 법칙'으로 인한 제로 성장 때문이다.

요즈음 많은 국민들과 정부가 저출산을 걱정한다. 정부는 많은 저출산 대책을 내놓고 있고 이미 막대한 예산을 저출산 저지를 위해 퍼부어 왔다. 그럼에도 저출산의 원인에 대한 명확한 분석은 부재한다. 과연 저출산의 원인은 무엇일까?

저출산의 일차적 원인은 저결혼이다. 젊은이들의 결혼이 급격히 줄어들었다. 1990년대 초 40만 건에 달하던 국내 혼인 건수는 현재 20만 건으로 반토막이 됐다. 결혼을 하지 않으니 출산율이 줄어드는 것은 당연한다. 그렇다면 젊은이들은 왜 결혼을 하지 않을까? 대한민국 경제가 더 이상 성장하지 않고 있기 때문이다.

국가의 장기성장률이 증가하면 국민의 소득도 따라서 증가하지만, 경제 성장이 0%에 머물면 국민의 평균 소득도 제자리를 맴돈다. 5년 1% 하락의 법칙에 따르면 한국은 앞으로 장기성장률이 0%대로 갈 확률이 높다. 그렇다면 우리 청년들의 소득은 어떻게 될까? 최근 국세청 통계에 따르면 우리 국민의 평균 임금은 4213만 원(2022년 귀속 근로소득 연말정산 신고 기준)이었다. 한편 청년들이 대학 졸업 후 자의적, 타의적 이유로 인해 은퇴할 때까지 일하는 기간은 대략 25년이다. 따라서 경제가 제로 성장에 돌입하면 작금의 청년들은 25년 동안 한결같이 4200만 원의 연봉을 받게 된다는 뜻이다.

청년들에게는 소박한 꿈이 있다. 결혼해서 일자리가 있는 서울에 '평범한' 아파트 하나 장만하여 단란한 가정을 꾸리는 것이다. 과연 이 꿈이 이루어질 수 있을까? 연간 4200만 원의 소득으로 25년간 벌 수 있는 돈은 약 10억 원 가량인데, 우리 국민의 평균 저축률이 약 10%(2022년 개인순저축률 9.1%)임을 감안할 때 이 소득에서 청년들이 저축할 수 있는 돈은 약 1억 원이다. 부부가 합산해도 2억 원에 불과하다. 이에 비해 현재 서울시의 평균 아파트 값은 11억 9000만 원을 넘었다. 평생 직장 다니며 2억 원 저축해서 12억 원짜리 집을 사는 것은 언감생심! 한마디로 불가능하다. 이런 계산을 해보면 결국 청년들은 결혼을 포기할 수밖에 없다. 저성장이 저결혼을 낳고, 저결혼이 저출산으로 이어지는 것이다.

> **넷, 지금까지 정부가 다양한 경제 정책을 펼쳤으나
> 장기경제성장률을 증가시키는 데 실패했다.**

경제가 어려워지면 정부는 무엇인가 경제정책을 시행한다. 장기성장률이 지속적으로 추락하는 지난 30년간 우리나라 정부는 어떤 정책들을 시행했을까? 정부는 그동안 건설 경기 부양, 저금리 정책, 대출 규제 완화 등의 '총수요 부양책'만을 펴왔다.

총수요 부양책이란 세계가 대공황에서 헤어나오지 못하고 있던 1936년, 경제학자 케인스(John Maynard Keynes)가 제안한 것으로 정부가 재정 지출을 확대하거나 중앙은행이 돈을 많이 풀어 물건에 대한 사람들의 수요를 늘리는 정책이다. 케인스에 따르면 이러한 총수요 부양정책의 결과, 물건에 대한 수요가 늘면 기업들이 물건을 많이 생산해내게 되어 경기를 회복시킬 수 있다는 것이다.

그런데 이러한 총수요 부양책은 단기적인 경기 불황에 대응하기 위해 개발된 정책이다. 따라서 5년 1% 하락의 법칙으로 인한

장기성장률 하락을 저지할 수는 없다. 실제로 지금까지 진보, 보수 정권 상관없이 다양한 총수요 부양책을 30년간 지속적으로 시행했음에도 어느 정부도 장기성장률의 하락을 막지 못한 것이 이를 증명한다.

> **다섯, 2014년 이후 지난 10년간의 집값 폭등은
> 한국은행의 저금리정책에서 비롯됐다.**

정부가 경제 성장을 위해 총수요 부양책만 지속적으로 시행하면 오히려 커다란 부작용이 생긴다. 특히 2014년 이후 실시된 정부와 한국은행의 경기부양정책은 장기경제성장률은 회복시키지 못하고 부동산 가격 폭등만 불러왔다.

부동산 폭등에 가장 큰 영향을 미친 것은 한국은행의 저금리정책이다. 객관적인 데이터가 이 사실을 증명한다. 지난 10여 년간 한국은행의 기준금리와 서울시 아파트 실거래가 증가율은 정확히 반대로 움직였다. 한국은행이 기준금리를 내리면 집값이 오르

고, 기준금리를 올리면 집값이 내려가는 것이다. 특히 2014년 이후 한국은행이 기준금리를 2% 이하로 하락시키자, 2014년부터 2021년까지 서울시의 아파트 가격은 무려 2.5배나 폭등했다. 예를 들어 4억 원짜리 아파트라면 7년 만에 10억 원이 된 것이다.

여섯, 세계에서 GDP(국내총생산) 대비 가계부채가 가장 높은 나라는 한국이다.

앞서 살펴본 정부의 경기부양책은 부동산 가격 폭등만 가져온 것이 아니다. 그와 함께 가계부채의 급증으로 이어졌다. 부동산 가격이 폭등함에 따라 2014년 600조 원을 밑돌았던 주택담보대출이 2021년 1000조 원까지 급증했다. 여기에 발맞춰 우리나라 가계부채의 가장 중요한 지표인 '가계신용' 또한 2014년 1000조 원이 약간 넘는 수준에서 2021년 1800조 원을 넘는 수준까지 급격히 증가했다. 정부의 부동산 경기부양책과 이를 뒷받침한 저금리정책으로 집값이 폭등하면서 가계부채가 과도하게 증가한 것이다.

　여기서 끝이 아니다. 지금까지 살펴본 가계부채 수치는 가계가 은행 같은 금융권에서 빌린 금액만 측정했기 때문이다. 이에 더해 한국에는 세계 어디서도 찾아볼 수 없는 독특한 주택임대제도인 '전세'제도가 있다. 전세 혹은 준전세(반전세)의 경우 집주인이 세입자에게 받는 전세(준전세)보증금은 결국 집주인이 세입자에게 돌려주어야 할 빚이기 때문에 중요한 가계부채다. 그런데 전세 및 준전세(반전세)보증금 부채에 관해서는 정부나 한국은행이 추계하는 공식적인 데이터가 없다. 이에 필자가 고제헌 박사와 함께 이를 추정하고 있는데 그 추정치에 따르면 2021년 기준 전세보증금 부채는 약 1000조 원에 달한다. 따라서 가계신용 1800조 원에 전세보증금 부채 1000조 원을 더하면 우리나라의 가계부채는 2800조 원을 넘는다. 이는 GDP의 140% 정도나 되어 세계 1위에 해당한다. 이렇게 대한민국의 가계부채는 현재 세계 1위 수준에 해당할 만큼 매우 우려해야 할 수준까지 도달해 있는 것이다.

일곱, 확장적 통화정책은 수년 내에 1991년 일본 버블 붕괴, 1997년 한국 IMF 위기와 맞먹는 금융 위기를 불러올 수 있다.

저금리정책을 위시하여 정부와 한국은행이 펼친 경기부양책으로 인해 우리나라의 가계부채는 압도적인 세계 1위 수준으로 증가했다. 만약 이 상황에서 통화량을 더욱 증가시키거나, 기준금리를 더욱 인하하는 등의 추가적인 확장적 통화정책을 펼치면 금융위기의 압력이 굉장히 높아지게 된다.

과도한 통화정책으로 인해 금융위기가 터진 일본의 사례가 그 방증이다. 1980년대 말 일본 정부는 플라자협정 이후, 엔화 가치가 상승해 일본의 경제 성장이 둔화될 것을 우려하며 강력한 저금리정책을 시행했다. 그 결과 일본 부동산 가격은 4~5배로 폭등하며 호황을 맞았다. 그러나 문제는 그 이후다. 부동산 거품이 1990년대 초 결국 터지면서 금융위기가 닥쳤기 때문이다. 그 결과 경제성장률까지 급락한 후 장기성장률이 0%대에 멈춰버렸다. 일본경제의 '잃어버린 30년'을 맞이하게 된 것이다. 이러한 일본의 사례는 우리에게 큰 교훈을 남긴다. 과도한 경기부양책은 장기경제성장률을 끌어올리지 못하고. 금융위기 가능성만 증대시킬 뿐이라는 것이다.

총수요 경기부양책이 장기성장률을 끌어 올리는 데 아무 효과가 없다면 장기성장을 촉진하는 다른 정책을 찾아내야 한다. 성장촉진정책을 찾아내려면 먼저 무엇이 경제성장의 원동력인지를 찾아내야 한다. 과연 장기적인 경제성장의 원동력은 무엇일까?

여덟, 1960~80년대 한국이 초고속 경제성장을 이룰 수 있었던 원동력은 교육을 통한 인적자본의 빠른 축적에 있다.

장기적인 성장의 원동력을 찾아내기 위해 우리나라의 1960년대에서 80년대까지를 돌아볼 필요가 있다. 1000년 이상 장기성장률이 0%에 멈추어 있던 세계경제가 경제성장에 시동을 걸기 시작한 것은 영국이 1700년대 말 산업화를 시작하면서부터였다.

우리나라에서도 본격적인 산업화가 시작된 것은 1960년대 초반의 일이다. 한국경제가 산업화를 통해 현대 경제의 모습을 갖추어 온 지난 60년의 역사를 살펴보면 우리나라의 경제는 '전반 30년'과 '후반 30년'으로 명확히 갈린다. 전반 30년은 1960~80년대까지의 30년이다. 이 기간 동안 대한민국은 8% 이상의 지속적인 초고속 경제성장을 이뤘다. 인구 4천만 명 이상의 규모를 가진 나라가 30년이라는 장기간 동안 8% 이상의 경제 성장을 지속한 것은 인류 역사상 전무후무한 기록이었다.

한국이 보여준 이러한 유례없는 성장을 두고 지난 50년간 최고의 경제학 대가인 시카고대학의 로버트 루커스 교수는 '기적 성장'이라는 표현까지 썼다. 그렇다면 한국이 초고속 성장을 할 수 있었던 원동력은 무엇일까? 로버트 루커스 교수는 한국의 기적적인 경제성장의 원인이 무엇인지에 대한 답을 찾아내어 현대 경제 성장 이론을 정립했다. 바로 '내생적 성장 이론'이다. 내생적 성장 이론에 따르면 경제성장의 원동력은 바로 '교육을 통한 인적자본(Human capital)의 축적'이다. 인적자본이란 교육 등을 통해 우리 머릿속에 축적해 놓은 지식이나 기술을 의미한다. 결국 현대 경제성장 이론에 따르면, 우리나라는 국민들이 교육을 통해 지식 즉 인적자본을 빠르게 육성한 덕분에 고도의 성장을 지속할 수 있었던 것이다.

아홉, '5년 1% 하락의 법칙'으로 한국의 장기경제성장률이 0%를 향하게 된 것은 시대착오적인 모방형 교육에서 비롯됐다.

앞서 현대 경제성장 이론에 따르면 1960~80년대까지 한국의 초고속 경제 성장이 인적자본의 축적 덕분에 가능했다고 이야기했다. 동일한 이유로 우리나라 경제의 '후반 30년'간 장기경제성장률이 지속적으로 추락한 이유도 인적자본에 있다. 1990년대부터 현재까지 경제성장이 정체된 것은 결국 잘못된 교육에 따라 인적자본 축적이 정체되었기 때문이다. 교육이 도대체 무엇이 잘못되었을까?

이를 설명하기 위해 필자는 인적자본을 모방형 인적자본과 창조형 인적자본으로 나눈다. 모방형 인적자본이란 남이 만든 지식을 외우고 익혀 머릿속에 집어넣은 인적자본이다. 창조형 인적자본은 새로운 아이디어, 새로운 지식, 새로운 기술을 생각해내는 능력이다. 한마디로 모방형 인적자본은 짝퉁을 만드는 능력이고, 창조형 인적자본은 원조, 오리지널을 만드는 능력이다.

1960~80년대까지 우리는 모방형 인적자본을 빠르게 축적함으로써 빠르게 성장할 수 있었다. 이 시기에 우리나라는 선진국의 기술과 지식, 제도를 빠르게 학습하고 이를 모방하여 제품화하는 '짝퉁을 만드는 능력'으로 기적적인 경제성장을 이룰 수 있었다.

그런데 1990년대에 들어서면서부터 모방형 인적 자본 축적을 통한 성장이 불가능해졌다. 왜 그럴까? 과거에는 선진국과 우리나라 사이에 30~40년의 기술 격차가 있어 모방을 통해 제품을 만들고, 수출할 수 있었지만 1990년대에 들어서면서 기술 격차가 20년 정도로 줄어들었기 때문이다. 선진국의 기술들은 20년간 특허로 보호된다. 따라서 선진국과의 기술 격차를 20년까지 따라붙은 시점부터는 선진국의 기술을 더 이상 베낄 수가 없게 되었다. 나아가 1990년대부터 인터넷과 검색엔진이 발달하면서 클릭 한 번이면 인터넷에서 찾을 수 있는 지식을 머릿속에 잔뜩 저장해

놓는 것이 큰 가치가 없게 되었다. 더욱이 최근 AI가 급격하게 발달하면서 대졸 노동자들이 학교에서 배운 모방형 지식 노동은 무용지물이 되고 있다. 나라가 이런 시대적 격변에 대응하지 못하고 주입식 교육 및 제도를 고집해 '모방형 인적자본'에만 지속적으로 투자한 부작용이 결국 30년간의 성장 추락으로 나타난 것이다.

열, AI시대에 경제를 성장시킬 유일한 원동력은 '창의적 아이디어'를 내는 창조형 인적자본 육성이다.

마침내 한국경제의 핵심상식 중 가장 중요한 결론에 도달했다. 그렇다면 지금까지 살펴본 한국경제의 문제를 타파할 수 있는 방법은 무엇일까? 바로 창의적인 아이디어를 가진 인재를 육성하는 것이다. 이제 이 시대를 움직이는 최고의 생산 요소는 더 이상 노동도, 기계도, 자본도 아니다. 그것은 바로 창의적 아이디어를 생각해내는 능력, 즉 창의력이다.

이 사실은 세계 시가총액 최상위 기업들만 살펴봐도 알 수 있

다. 마이크로소프트, 애플, 엔비디아, 메타 등 현재 세계에서 가장
성공한 기업의 핵심 비즈니스는 모두 창의적인 아이디어로 탄생
했다. 창의적인 아이디어가 우리나라 GDP보다 큰 가치를 갖는
이런 기업들을 뚝딱뚝딱 만들어내고 있는 것이다.

　기업은 아니지만 비트코인도 마찬가지다. 비트코인이라는 가
상화폐 아이디어가 나온 것은 2008년의 일이다. 불과 10여 년 전,
누군가가 떠올린 이 아이디어가 현실화되면서 비트코인의 총 가
치는 2021년 말 이미 1조 달러를 돌파했었다. 이 수치만 해도 우
리나라 GDP의 절반을 넘는 금액이었다. 그리고 그로부터 3년 지
난 2024년 후반기에는 1.7조 달러까지 돌파했다. 환율이 1400
원까지 오르는 가운데 우리나라 GDP에 맞먹는 금액이 되었다.
즉 대한민국의 국민 5000만 명이 1년간 열심히 일해서 번 돈만
큼의 천문학적 수익을 비트코인이라는 아이디어 하나가 창출해
낸 것이다. 만약 우리 국민이나 기업 중 하나가 이런 아이디어를
냈었다면 지난 10년간 우리나라는 장기성장률이 지금보다 무려
10%포인트나 높았을 것이다.

　결국 독자들이 창의력을 키워서 세계를 놀라게 할 아이디어를

낸다면, 그 아이니어를 낸 본인이 어마어마한 성공을 거두는 것뿐만 아니라 국가도 함께 잘살 수 있게 된다. 필자가 대한민국의 장기경제성장률을 높이는 유일한 해결책이 '창의력을 키우는 교육'에 달려 있다고 10여 년 동안 줄기차게 주장해온 이유다.

덧붙이는 말 ─────────────────────────

주식에 투자하는 독자들은 한국경제에 대한 열 가지 핵심상식을 투자 시 지혜롭게 이용할 수 있기를 바란다. 앞으로는 어느 기업 주식에 투자할까 고민할 때 그 기업이 얼마나 창의적인 기업인지 충분히 검토하고 투자하는 것이 투자 성공 여부에 중요한 영향을 미칠 수 있다. 해외 투자하는 경우 장기성장률이 높을 것으로 예상되는 나라에 투자하는 것도 고려해 볼 수 있다. 무엇보다 이 시대 최고의 투자처는 나 자신의 창의력에 대한 투자임을 명심하자.

EPILOGUE

연습을 거듭할 용기,
나아갈 수 있다는 믿음

챗GPT로 세계를 놀라게 한 '오픈 AI'가 2024년에 또 한번 놀랄 만한 인공지능(AI)을 공개했다. 서너 문장만 입력하면 그 내용을 고화질 동영상으로 만들어주는 놀라운 동영상 생성 AI인 '소라(SORA)'다. 소라는 할리우드 스튜디오가 어마어마한 제작비와 시간을 들여 촬영했을 법한 공상과학(SF) 영화 예고편을 단 몇 분만에 뚝딱 만들어낸다. 앞으로 모든 사람들이 이 소라로만 영화를 만들면 영화 촬영 관련 종사자 등의 일자리가 사라질 것이다.

소라의 예만 봐도 AI는 이제 놀라움을 넘어서 공포로 다가온다. 머지않아 대부분의 사람들은 AI에 의해 일자리에서 대체되는 것이 아닐까? 이처럼 AI는 인간에게 큰 위협으로 다가오고 있다.

그러나 다르게 생각하면, 인간에게는 막대한 시간과 비용을 아낄 수 있는 AI라는 엄청난 도구가 생긴 것이다. 어렵고, 비용도 많이 발생하는 번거로운 작업은 AI에게 맡기고, 인간은 그저 상상한 것을 명령어로 입력하기만 하면 되는 것이다.

다만 이 도구를 제대로 활용하려면 '나만의', '남다른' 그리고 '창의적인' 아이디어를 입력할 수 있어야 한다. AI는 도구일 뿐, 무엇을 만들지 상상하고 효과적인 명령어를 입력하는 건 인간이다. AI에 쓰레기를 넣으면 쓰레기가 나오고(garbage in, garbage out), 창의적 아이디어를 넣으면 창의적 아웃풋이 나온다(creativity in, creativity out)! 내가 그토록 창의력을 강조하는 이유다.

기술이 발달할수록 창의적 사고의 힘은 더 중요해지고 있다. 창의력의 부재가 일자리에 대한 위협이 되는 이 시대에 이제 창의력은 우리에게 AI시대 최후의 생존 수단이 되어 가고 있다. 더 나아가 창의적 아이디어만 있으면 엄청난 경제적 가치를 창출할 수도 있기에 창의력은 AI시대 최고의 자산이 되고 있다.

이제 이 시대 최고의 자산, 창의력에 투자하자. 이를 위해서는 먼저 창의력의 가치와 중요성을 뼛속 깊이 체감하고 체화해야 한다. 창의성에 대한 그간의 잘못된 오해와 편견을 떨쳐버리고, 창의력은 누구나 키울 수 있다는 사실을 믿고 당장 오늘부터 창의력을 키우기 위한 힘찬 첫발을 내딛자.

이 책에서 알려준 다음 일곱 가지 방법이 독자들의 노력에 큰 도움이 되기를 기대한다.

첫째, 비현실적인 것들을 상상하자.

둘째, 비현실적인 것들이 현실에서 일어날 수 있는 논리적 경우들을 상상하자.

셋째, 남다르게 생각하고 더 다르게 생각하자.

넷째, 끊임없이 기존의 것들에 의문을 던져 새로운 것을 생각해내자.

다섯째, 파격적으로 상상하고 생각하자.

여섯째, 나만의 주체적인 생각을 밀고 나갈 용기와 이를 세상에 말할 수 있는 용기를 키우자.

일곱째, 혹 실패해도 개의치 않고 끊임없이 연습하자.

이 중 일곱 번째 방법이 무엇보다 중요하다. 창의력은 창의적으로 생각하는 연습을 끊임없이 한다면 누구나 가질 수 있다. 이 시대 최고의 지산인 창의력은 자기실현적(self-fulfilling)이기 때문이다. 그동안 나 자신의 내면에 잠들고 있던 창의력을 깨울 수 있다는 것을 믿고, 또 이를 향해 끊임없이 연습하며 꿋꿋하게 밀고 나가면 자신도 모르게 창의력이 쑥쑥 자라고 있을 것이다. 그러면서 창의적 사고를 할 때 느끼는 행복감까지 맛볼 것이다.

창의력 연습은 앞으로도 지속되어야 한다. 이 책을 읽는 독자들이 창의력 훈련의 힘을 믿고 부단히 연습하기를, AI시대를 살아갈 우리를 지켜줄 가장 큰 무기, 창의력의 자산을 획득하게 되기를 바란다.

이 책을 쓰는 데 많은 분들이 도움을 주셨다. 이 책은 원래 필자가 오랫동안 학생들을 가르치며 메모했던 내용을 학생들을 위해 '창의력을 키우는 7가지 방법'이라는 제목으로 2020년에 정리해 놓은 미출간 모노그래프로부터 출발했다. 이 모노그래프를 중앙일보의 정선언 기자가 중앙일보 Hello! Parents에 연재물로 실을 것을 제안해 '집에서 하는 창의력 수업'이라는 연재물로 실렸다. 이 연재물을 이번에는 중앙북스의 조한별 편집장이 책으로 낼 것을 제안해서 결국 '어웨이킹'이란 멋진 제목의 책으로 세상에 나오게 되었다. 책으로 나오도록 훌륭한 제안과 책 내용에 대한 조언을 해 주신 두 분과 편집 과정에서 글을 훌륭하게 다듬어 주신 성소영 작가님께 깊은 감사를 드린다.

이 책의 내용들은 내가 지난 20년간 서울대에서 강의한 '화폐금융론', '동태적 거시경제이론', '한국 경제를 위한 창의적 아이디어', '경제성장론' 및 '한국경제론' 수업에서 학생들과 같이 고민하고 토론하며 만들어 온 것들이다. 그동안 내 수업에 들어와 매주 열린 문제 과제에 대해 번뜩이는 아이디어들을 제시하며 창의적 아이디어 생각하는 즐거움과 창의적인 아이디어 듣는 기쁨을 함께했던 많은 학생들에게 깊이 감사드린다.

〈주요 관련 도서〉

   이 책은 형제 책이 있다. 필자가 2021년에 쓴《모방과 창조》다.《모방과 창조》가 형이라면, 이 책은 동생 책이라고 할 수 있다.《모방과 창조》는 한국 경제의 성장 추락에 관한 주요한 비밀들을 독자들에게 쉽게 설명하고, 다가올 경제적 곤경을 벗어날 감춰진 해법들을 제시한 책인데《모방과 창조》에서도 핵심 주제는 '창의력'이다. 창의력이 한국의 경제성장 동력을 회복하기 위해 얼마나 중요한지, 그리고 창의적 아이디어가 성장 동력이 되는 나라를 만들기 위해 어떤 제도 개혁이 필요한지를 설명한 책이다.

   이 책에 나오는 내용들은 필자가 강의나 강연에서 자주 해오던 내용들인데 그 중 그림 '빛의 제국'은 형제 책인《모방과 창조》에서도 흥미롭게 기술했고, '불나라의 얼음화폐'나 '금융에 대한 사자성어' 이야기는 '창의성을 위한 서울대 교수 모임'의 황농문, 권오남 교수님 등과 공저한《창의 혁명》에도 흥미롭게 기술했다. 창의력을 키우는 것에 관심 있는 많은 독자들에게 두 책을 꼭 읽어 보기를 권한다.

이외에도 창의성에 관심 있는 독자들이 읽어볼 흥미로운 책이 여럿 있지만, 필자는 그중에 로버트 루트번스타인과 미셸 루트번스타인이 쓴《생각의 탄생》과 칙센트미하이가 쓴《창의성의 즐거움》을 추천한다. 보다 전문적인 내용을 원하는 독자들은 로버트 스턴버그가 편집한《Handbook of Creativity》(1999)를 보는 것을 권한다.

내 안에 잠든 창의성을 깨우는 7가지 습관

어웨이킹

초판1쇄 2024년 12월 31일

지은이 | 김세직

발행인 | 박장희
대표이사 겸 제작총괄 | 신용호
본부장 | 이정아
편집장 | 조한별

기획위원 | 박정호

마케팅 | 김주희 이현지 한륜아

외부 편집 | 성소영
디자인 | design co*kkiri

발행처 | 중앙일보에스(주)
주소 | (03909) 서울시 마포구 상암산로 48-6
등록 | 2008년 1월 25일 제2014-000178호
문의 | jbooks@joongang.co.kr
홈페이지 | jbooks.joins.com
네이버 포스트 | post.naver.com/joongangbooks
인스타그램 | @j_books

ISBN 978-89-278-8076-9 03190

중앙북스는 중앙일보에스(주)의 단행본 출판 브랜드입니다.